城市轨道交通系列丛书

城市轨道交通牵引供电系统

郑瞳炽　张明锐　主编

苏贵荣　主审

中　国　铁　道　出　版　社

2018 年·北　京

内 容 简 介

本书是《城市轨道交通系列丛书》之一。主要介绍城市轨道交通电力牵引供电系统的制式和组成，牵引变电所电气设备的原理、构造及技术参数，变电所的主结线图、控制和信号系统，接触网构成和有关器材，供电系统的远动技术和供电系统的设计等内容。

读者对象：从事电力牵引的工程技术人员、大专院校师生。

图书在版编目(CIP)数据

城市轨道交通牵引供电系统/郑瞳炽，张明锐主编．北京：中国铁道出版社，2000.3（2018.6重印）
（城市轨道交通系列丛书/孙章，何宗华主编）
ISBN 978-7-113-03674-4

Ⅰ.城…　Ⅱ.①郑…②张…　Ⅲ.城市运输:轨道运输－电力牵引－供电装置．Ⅳ.U264.04

中国版本图书馆CIP数据核字(2000)第13976号

书　　名：城市轨道交通系列丛书
城市轨道交通牵引供电系统
作　　者：郑瞳炽　张明锐等
出版发行：中国铁道出版社（100054，北京市西城区右安门西街8号）
策划编辑：傅立谚
责任编辑：傅立谚
封面设计：陈东山
印　　刷：中国铁道出版社印刷厂
开　　本：850×1168　1/32　印张：4.875　字数：125千
版　　本：2000年4月第1版　2018年6月第17次印刷
印　　数：28001～29000册
书　　号：ISBN 978-7-113-03674-4
定　　价：20.00元

城市轨道交通系列丛书

主　编：孙　章

何宗华

Thomas Brodocz

Walter Christ

《城市轨道交通系列丛书》

序

世界上轨道交通很早就作为公共交通在城市中出现。随着科学技术和城市化的发展，大运量的轨道交通在现代大城市中越来越起着重要的作用。经济发达国家城市的交通发展历史告诉我们，只有采用大客运量的地铁和轻轨交通系统，才是从根本上改善城市公共交通状况的有效途径。

我国发展大运量轨道交通的历史也并不短，40 年前北京就开始了地铁建设。想建地铁的城市也不少，但一直因造价太贵而却步。至今一些百万人口以上的大城市，仍然用传统的公共汽车和无轨电车来维持客运的做法，已越来越不能满足城市居民高频率出行的需要。因而目前很多大城市又在考虑和策划修建轨道交通项目。除北京外，上海和广州都已经在建造现代化的地铁系统。北京、上海、天津、广州四城市虽已有地铁线路在运营，但远远不能较为普遍地满足需要。由于我国城市轨道交通的应用技术和基础理论都还处于开拓阶段，项目实施的大多数情况是要引进技术和设备，国产化率低，成为工程造价昂贵的主要原因。因而提高我国城市轨道交通行业的技术力量，发挥自主建设能力，努力降低工程造价，已是健康发展大运量轨道交通的关键。

为此，我们组织了建设部和铁道部的有关专家，编写了这套《城市轨道交通系列丛书》，同时还与德国西门子股份公司交通技术集团进行合作，吸收了一些实用而先进的技术成果，分别按不同专业内容纳入这套丛书。

这套系列丛书以普及现代城市轨道交通基础理论、知识为目标，较为全面系统地阐述了城市轨道交通的发展历史和先进的技术成果，同时也论述了不同类型轨道交通的系统特征、通用技术的适应范围、专业技术及其综合效应等。这套丛书可作为管理人员、专业技术人员和大专院校学生的基础理论知识读本，也可作为本行业专家学者在此基础上深化研究和促进技术发展的参考资料。

周干峙

---

* 周干峙　中国科学院院士、工程院院士、建设部顾问、原建设部副部长。

前　言

随着国民经济和科学技术以及城市的迅速发展，使人们越来越认识到采用大容量、无污染的快速轨道交通是解决大城市交通的有效方法。

我国发展城市快速轨道交通虽已有近40年的历史，但由于造价高等原因，至今只有北京、天津、上海和广州4个城市建有少量地铁线路，远不能满足交通的需要。

加快建设速度、降低建设成本，壮大技术队伍力量、普及基础理论知识和提高技术水平就成为当务之急。《城市轨道交通系列丛书》正是为此目的编写的。

电力牵引供电系统是城市轨道交通的重要组成部分，没有电力牵引供电系统的可靠安全供电，就不可能有城市轨道交通的正常运行。为此，必须对电力牵引供电系统有一个全面的了解。

本书为《城市轨道交通系列丛书》之一，主要介绍城市轨道交通电力牵引供电系统的有关知识，共分六章：

第一章综述城市轨道交通电力牵引的制式、电力牵引供电系统的组成、电力系统向牵引变电所供电的典型方式、直流牵引变电所的核心设备——整流装置的工作原理和直流电力牵引在轨道沿线造成的迷流腐蚀现象及其保护问题。

第二章介绍牵引变电所中主要电气设备的作用、工作原理、构造、主要技术参数以及分类等，还对配电装置的类型及要求做了介绍。

第三章介绍牵引变电所主结线图、变电所内的控制、信号回路、中央信号系统等。

第四章介绍牵引网的构成、接触悬挂的型式、接触悬挂的器材、结点和部件、接触网的供电与分段等。

第五章介绍应用于供电系统的远动技术。

第六章介绍牵引供电系统的设计和计算，包括牵引供电系统的有关电气参数及计算方法，列车牵引计算和运行曲线的概念，馈电线、接触网及牵引变电所的容量计算以及整个牵引供电系统的设计与技术经济比较问题。

本书的第一、六章为郑瞳炽编写，第二章由张明锐和于涤编写，第三章由张明锐编写，第四章由于涤编写，第五章由王为和于涤编写。全书由郑瞳炽主编统稿。

在本书编写过程中，张明锐同志作了大量工作，特此致谢！

作　者

1999 年

目　　录

第一章　电力牵引供电系统综述

第一节　电力牵引的制式

电力牵引用于轨道交通系统已有100多年的历史，随着经济和科学技术的不断发展，用于轨道交通的电力牵引方式有许多不同的制式出现。这里所说的制式是指供电系统向电动车辆或电力机车供电所采用的电流和电压制式，如直流制或交流制、电压等级、交流制中的频率(工频或低频)以及交流制中是单相或三相等。

为了便于理解电力牵引制式的变化和发展原因，首先介绍一下对牵引列车的电动车辆或电力机车特性的基本要求：

一、起动加速性能

要求起动加速力大而且平稳，即恒定的大的起动力矩，便于列车快速平稳起动。

二、动力设备容量利用

对列车的主要动力设备——牵引电动机的基本性能要求为，列车轻载时，运行速度可以高一些，而列车重载时运行速度可以低一些。这样无论列车重载或轻载都可以达到牵引电动机容量的充分利用，因为列车的牵引力与运行速度的乘积为其功率容量，这时近于常数。

三、调速性能

列车运输，特别是旅客运输，要求有不同的运行速度，即调速。在调速过程中既要达到变速，还要尽可能经济，不要有太大的能量损耗，同时还希望容易实现调速。

了解了以上对列车牵引的基本特性要求以后，不难看出，直流串激电动机的性能是很符合这个要求的，即其机械特性（转矩与转速的关系特性）正符合重载时速度低，轻载时速度高的要求。更形象一点说它具有牛马特性，牛可以拉得多一些，但跑得慢，马跑得快，但力气小，拉得少一些。

此外，从直流串激电动机的起动和调速方法看，也是比较容易实现的。为了限制直流串激电动机刚接通电源时起动电流太大和正常运行时为了降速而降低其端电压，最早采用在电动机回路中串联大功率电阻的方法来达到限流和降压的目的。这种方法实现是容易的，但在起动和调速过程中却带来了大量的能量损耗，很不经济。尽管如此，由于局限于一定时期的技术发展水平，采用直流串激电动机作为牵引动力就成为最早也是迄今为止被长期应用的形式，这就是供电系统直接以直流电向电动车辆或电力机车供电的电力牵引“直流制式”。

随着矿山和干线电力牵引的发展，列车需要的功率愈来愈大，如果采用直流供电制式，则因受直流串激电动机（牵引电动机）端电压不能太高的限制，会导致供电电流很大，因而供电系统的电压损失和能量损耗必然增大。因此出现了“低频单相交流制”。

低频单相交流制是交流供电方式，交流电可以通过变压器升降压，因此可以升高供电系统的电压，到了列车以后再经车上的变压器将电压降低到适合牵引电动机应用的电压等级。由于早期整流技术的关系，这种制式采用的牵引电动机在原理上与直流串激电动机相似的单相交流整流子电动机。这种电动机存在着整流换向问题，其困难程度随电源频率的升高而增大，因此采用了“低频”单相交流制，它的供电频率和电压有 25 Hz、6.5～11 kV 和 $16\frac{2}{3}$ Hz、12～15 kV 等类型。由于用了低频电源使供电系统复杂化，需由专用低频电厂供电，或由变频电站将国家统一工频电源转变成低频电源再送出，因此没有得到广泛应用，只在少量国家的工矿或干线上应用。

由于低频单相交流制存在以上缺点，长期以来人们一直在寻求一种更理想的牵引供电方式，这就是“工频单相交流制”。这种制式既保留了交流制可以升高供电电压的长处，又仍旧采用直流串激电动机作为牵引电动机的优点，在电力机车上装设降压变压器和大功率整流设备，它们将高压电源降压，再整流成适合直流牵引电动机应用的低压直流电，电动机的调压调速可以通过改变降压变压器的抽头或可控制整流装置电压来达到。工频单相交流制是当前世界各国干线电气化铁路应用较普遍的牵引供电制式。我国干线电气化铁路即采用这种制式，其供电电压为 25 kV。

在牵引制的发展过程中曾出现过“三相交流制”的形式，但由于供电网比较复杂，必须要有两根（两相）架空接触线和走行轨道构成三相交流电路，两根架空接触线之间又要高压绝缘，造成的困难和投资更大，因此被淘汰。

关于直流制式的电压等级应用情况大致如下：干线电气化铁路的供电电压有 3 kV 的，电压没有再提高是因为受到直流牵引电动机端电压的限制，其值一般为 1.5 kV 左右，用 3 kV 供电，一般就需要将两台电动机串联联接，再提高供电电压其联接就更复杂，还涉及当时整流装置绝缘水平的问题。这种制式在原苏联和东欧一些国家应用最普遍。

供电电压为 1.2～1.5 kV 的直流制多用于工矿和部分国家的干线电力牵引，如日本等国家。

城市轨道交通几乎毫无例外地都采用直流供电制式，这是因为城市轨道交通运输的列车功率并不是很大，其供电半径（范围）也不大，因此供电电压不需要太高，还由于直流制比交流制的电压损失小（同样电压等级下），因为没有电抗压降。另外由于城市内的轨道交通，供电线路都处在城市建筑群之间，供电电压不宜太高，以确保安全。基于以上原因，世界各国城市轨道交通的供电电压都在直流 550～1500 V 之间，但其档级很多，这是由各种不同交通形式，不同发展历史时期造成的。现在国际电工委员会拟定的电压标准为：600 V、750 V 和 1500 V 三种。后两种为推荐值。我国国标也规定为750 V和1500 V，不推荐现有的600 V。

我国北京地铁采用的是750 V直流供电电压，上海地铁采用的是1500 V直流供电电压。目前我国许多大城市都在考虑建造快速轨道交通线路，选择750 V或者1500 V供电电压就成为一个重大问题，它涉及到供电系统的技术经济指标、供电质量、运输的客流密度、供电距离和车辆选型等等，必须根据各城市的具体条件和要求，综合论证决定。

最后还必须说明，由于大功率半导体整流元件（晶闸管）的出现，在直流制电动车辆上，采用以晶闸管为主体的快速电子开关（斩波器），可对直流串激牵引电动机进行调压调速，消除了用串联电阻起动和降压调速的不经济方法。这种方法给直流制增添了新的生命力。

另外还由于快速晶闸管的出现，近年来发展由快速晶闸管等组成逆变器，它不但将直流电逆变成交流电，而且频率可以调节，这样就解决了多年来想采用结构简单、结实的鼠笼式异步电动机作为牵引电动机的愿望，用变频率改变异步电动机速度的方法（简称变频调速），使异步牵引电动机性能满足牵引列车特点的要求。这种方法在国外无论在城市轨道交通还是在工矿和干线电牵引车辆上都应用较多。上海市地铁二号线的电动车辆也将采用这种形式。不过，尽管电动车辆上采用的是交流异步牵引电动机，其架线供电电压还是直流的，所以还属于直流制式的范畴，这就给直流制的应用打开一个更宽广的天地，使它更有生命力。

第二节　电力牵引供电系统的组成

我国和大多数国家一样，电力生产由国家经营管理，因此无论是干线电气化铁路，还是工矿电力牵引和城市轨道交通电力牵引用电均由国家统一电网供给。

为了说明电力牵引供电系统各个组成部分的关系和作用，下面以城市轨道交通直流电力牵引供电系统为例，用示意图 1-1 表示之。

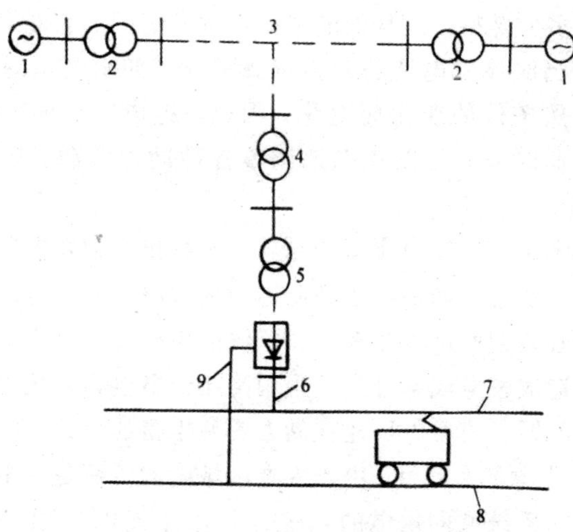

图 1-1 城市轨道交通电力牵引供电系统

1——发电厂（站）；2——升压变压器；3——电力网；4——主降压变电站；5——直流牵引变电所；6——馈电线；7——接触网；8——走行轨道；9——回流线。

生产电能的发电厂（站）由于它所利用的能源的不同，可以分为火力发电厂（用煤、油为燃料）、水力发电厂、原子能发电厂以及风力、地热、太阳能和潮汐发电厂等等。电厂可能与其用户相距甚远，为了能得到经济输电，必须将输电电压升高，以减少线路的电压损失和能量损耗，因此在发电厂的输出端接入升压变压器以提高输电电压。目前我国用得最普遍的输电电压等级为 110～220 kV。

通常国家供电系统总是把在同一个区域（或大区）的许多发电厂通过高压输电线和变电所联结起来成为一个大的统一的供电系统，向该区域的负荷供电，这样由各级电压输电线将发电厂、变电所和电力用户联结起来的一个发电、输电、变电、配电和用户的统一体被称为电力系统。组成统一的电力系统有如下的一些优越性。

1. 可以充分利用动力资源。火力发电厂发出多少电能就需要相应地消耗多少燃料，而其他的某些类型发电厂，它能发出多少电能取决于当时该发电厂的动力资源情况，如水电站的水位高低，它随自然条件的变化而变化，因此，组成统一的电力系统以后，在任何时候，可以动态地调整各种动力资源，以求其发挥最大效益。

2. 减少燃料运输，降低发电成本。大容量火力发电厂所消耗的燃料是很可观的，如果不用高压远距离输电，则发电厂必然要建在负荷中心附近而不能建在燃料资源的生产地，这样就要大量运输燃料，造成发电成本升高。采用高压输电电力系统以后就可以解决以上问题，将发电厂建在动力资源丰富的地方。

3. 提高供电的可靠性。由于供电区域内的负荷是由多个发电厂组成的电力系统共同供电的，这样与单个发电厂独立向自己的负荷供电比较起来，对负荷的供电可靠性就可以提高很多，因为系统内发电厂之间可以起到互为后备的作用。与此同时，整个系统的发电设备容量也可以减少很多，降低了设备的投资费用。

4. 提高发电效率。没有组成电力系统之前，每个发电厂的容量是按照它的供电负荷大小来设计选择的，如果该地区负荷小，则发电设备单机容量必小。通常单机小容量的发电设备总是比大容量的设备运行效率低些，因此组成电力系统以后，不但各发电厂的单机容量可以尽可能选得大一些，以提高单机的运行效率，而且总机组数目也可减少，还不受各地区负荷大小的牵制，因为它们是由统一系统供电的，这就达到了提高发电效率的目的。

通常高压输电线到了各城市或工业区以后通过区域变电所（站）将电能转配或降低一个等级，如 35～10 kV 向附近各用电中心送电。城市轨道交通牵引用电既可从区域变电所高压线路得电，也可以从下一级电压的城市地方电网得电，这取决于系统和城市地方电网具体情况以及牵引用电容量大小。

对于直接从系统高压电网获得电力的城市轨道交通系统，往往需要再设置一级主降压变电站，将系统输电电压如 110～220 kV 降低到 10～35 kV 以适应直流牵引变电所的需要。从管理的角度上看，主降压变电站可以由电力系统（电业部门）直接管理，也可以归属于城市轨道交通部门管理。

以上，从发电厂（站）经升压、高压输电网、区域变电站至主降压变电站部分通常被称为牵引供电系统的“外部（或一次）供电系统”。

从主降压变电站（当它不属于电力部门时）及其以后部分统称为“牵引供电系统”。它应该包括：主降压变电站、直流牵引变电所、馈电线、接触网、走行轨及回流线等。直流牵引变电所将三相高压交流电变成适合电动车辆应用的低压直流电。馈电线是将牵引变电所的直流电送到接触网上。接触网是沿列车走行轨架设的特殊供电线路，电动车辆通过其受流器与接触网的直接接触而获得电力。走行轨道构成牵引供电回路的一部分。回流线将轨道回流引向牵引变电所。

牵引供电系统各组成部分将在以后各章详尽讨论，这里不多加叙述。

第三节　向牵引变电所供电的接线图

由于交通运输的重要性，所有轨道交通的牵引供电都属于电力部门供电的一级负荷，即要确保向它供电的可靠性。为此，牵引变电所均由两个独立的电源供电。又由于轨道交通线路分布范围较广，通常需要在轨道沿线设置多个牵引变电所向它供电，再加上电源线路的具体分布情况不同，因此，造成向牵引变电所供电的形式复杂多样，但可以将它归纳成以下几种典型的形式。

1. 环行供电接线（图 1-2）

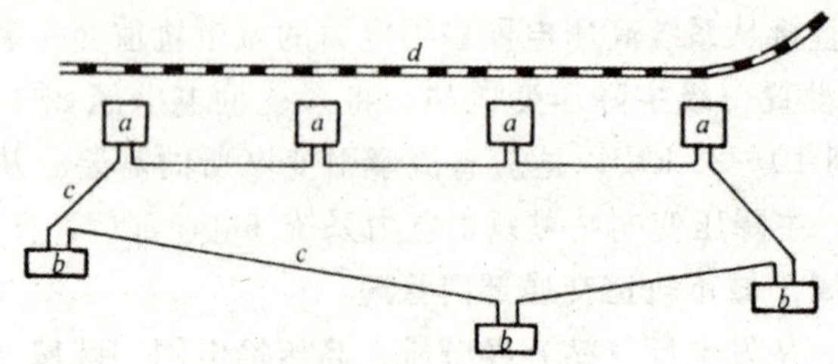

图 1-2 环行供电接线图

a——牵引变电所；*b*——主降压变电站（所）；*c*——线条表示一路三相输电线；*d*——轨道线。

以下各图符号意义相同。

由两个或两个以上主降压变电站和所有的牵引变电所用输电线联成一个环行。环行供电是很可靠的供电线路，因为在这种情况下，一路输电线和一个主降压变电站同时停止工作时，只要其母线仍保持通电，就不致中断任何一个牵引变电所的正常供电。但其投资较大。

2. 双边供电接线（图 1-3）

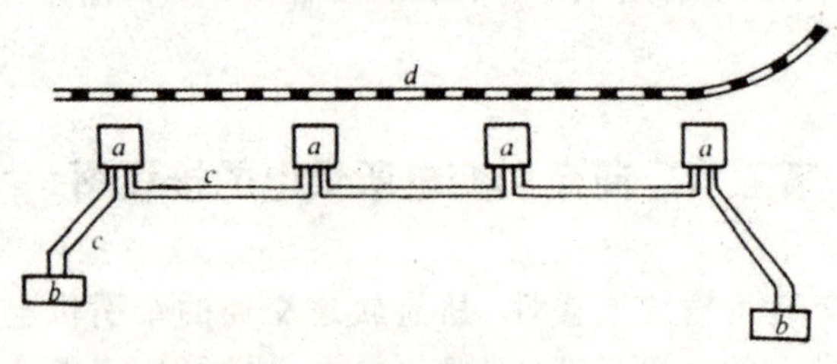

图 1-3 双边供电接线图

由两个主降压变电站向沿线牵引变电所供电，通往牵引变电所的输电线都经过其母线联接，为了增加供电的可靠性，用双路输电线供电，而每路按输送功率计算。这种接线可靠性稍低于环行供电。当引入线数目较多时，开关设备多，投资增加。

3. 单边供电接线（图 1-4）

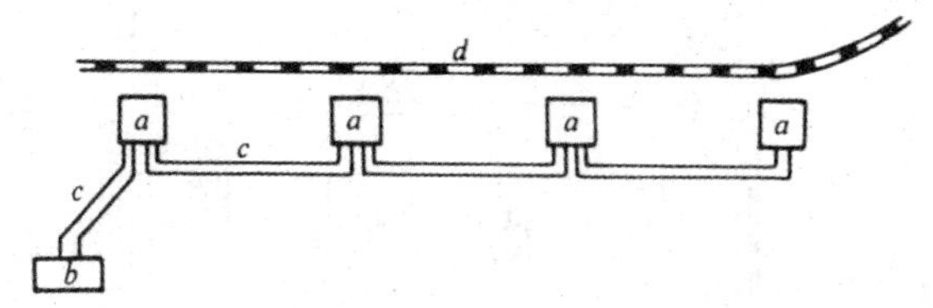

图 1-4　单边供电接线图

当轨道沿线附近只有一侧有电源时，则采用单边供电。单边供电较环行供电和双边供电的可靠性差，为了提高可靠性，应用双回路输电线供电。单边供电设备较少，投资也少些。

在双边供电和单边供电的情况下，每路输电线可以不必都进入所有的牵引变电所，而是轮流地每隔一个进入一个，这样可以减少进线的数目而降低变电所的投资。

4. 辐射形供电接线（图 1-5）

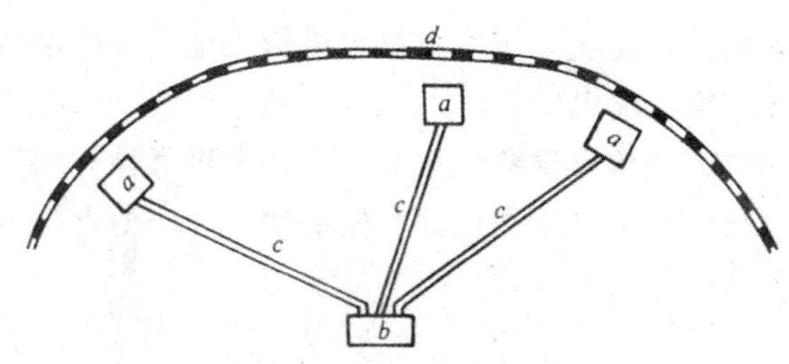

图 1-5　辐射形供电接线图

每个牵引变电所用两路独立输电线与主降压变电站联接。这种接线方式适合于轨道线路成弧形的情况。这种接线简单，但当主降压变电所停电时，将全线停电。

应当指出，实际情况常常是以上某些典型接线方式的综合。变配电接线图的选择应该是这样的，当供电系统的一个元件故障损坏时，它应能自动解列而不致破坏牵引供电。

下面以上海地铁一号线一期工程供电系统（图 1-6）为例，加以说明。

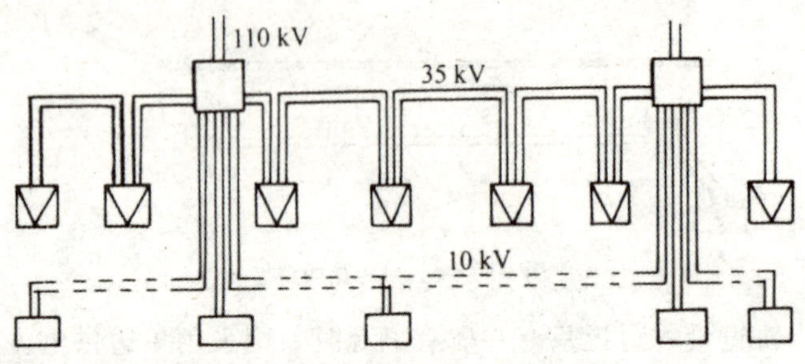

图 1-6 上海地铁一号线供电系统接线图

该供电系统接线图采用两个支柱式主降压变电所，以双回路输电线向牵引变电所和沿线车站区间用电的降压变电所供电。主降压变电所为 110 kV 双回路进线，它以 35 kV 双路输电线向沿线牵引变电所作双边或单边供电，以 10 kV 双路输电线向降压变电所供电，其供电接线方式分别为单边供电或双“T”形供电，“T”形供电的特点是主降压变电站供电给其他降压变电所的负荷电流不流入本降压变电所。

这种接线方式建设投资比较低，而供电可靠性却相当高，当轨道线路延长时，可酌情在线路两端搭建主降压变电站，建设的灵活性较大。

第四节　直流牵引变电所的整流装置

直流牵引变电所的主要功能为，将其交流进线电压通过整流变压器降压，然后经整流器将交流电变成直流电供电动车辆的直流牵引电动机用。为了提高直流电的供电质量，降低直流电源的脉动（波动）量，通常采用多相整流的方法，它可以是六相、十二相整流，还可以增加到二十四相整流。为此，整流变压器不仅起降压作用，还要将三相交流电变成多相交流电供整流器整流，整流变压器与整流器合称为整流装置。

设计选择整流装置时，既要考虑直流供电质量，还要顾及整流变压器的利用率。从这一点说，直流牵引供电制式比交流牵引供电制式有利，因为交流牵引供电制式是在机车上将高压交流电进行降压整流的，即整流装置全安装在机车上，而车上的空间是有限的，它不可能安装太复杂而庞大的设备，只能进行单相整流供电。相反，直流牵引变电所却可以在地面上安装比较完善的整流装置。

下面就直流牵引变电所应用的多相整流基本工作原理加以叙述。

一、最简单的三相半波整流电路（图 1-7）

图中（a）表示整流变压器的二次侧三相绕组 a、b、c 成星形联结，a、b、c 三相分别接大功率半导体整流管 D_1、D_2、D_3，R 为负载电阻，三相交流电压（U_a、U_b、U_c）波形如图（b）所示。在任何时刻，相电压最高的一相的整流管导通，此时整流电压（加在负载 R 上的电压）即为该相的瞬时电压，如图中 $\omega t_1 \sim \omega t_2$ 时，为 a 相 D_1 管导通，此时整流电压为 U_a，同理依次为 D_2、D_3 导通，整流电压依次为 U_b、U_c 波形。

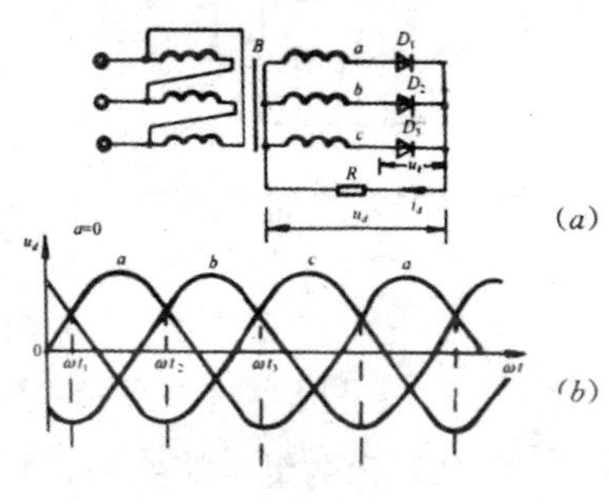

图 1-7　三相半波整流电路

这种线路的特点为：

1. 变压器副边每相绕组只导通 1/3 周期，即相差 120°电度角，利用率较差。

2. 整流管承受的反向电压高。当一个整流管导通时，另外两个管必承受反向电压，其值为副边绕组线电压。如 D_1 导通时，D_2、D_3 分别承受反电压 U_{ab}、U_{ac}。

3. 变压器绕组总是通过单方向电流，引起直流磁化，造成铁心饱和，必要求加大铁心尺寸，且漏抗增大，损耗增大。

以上电路属共阴极接线，即三相整流管的阴极连接在一起。

要改善以上整流电路，首先可以设想有两组负荷相近的整流电路（都是三相半波整流电路），但是一组为共阴极接线，另一组则为共阳极接线，即 a、b、c 三相绕组连接的三个整流管的阳极连接在一起。如图 1-8（a）所示。此时整流电路的工作情况就有所改善。

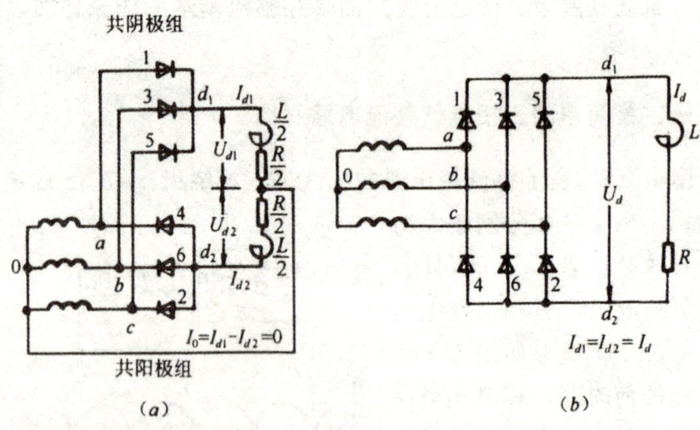

图 1-8 三相半波共阴极组与共阳极组串联电路

图（a）为两组半波共阴、阳极串联电路，如其负荷电流 I_{d1}、I_{d2}相等，则零线电流 I_0 为零，零线可以取消，同时两组整流器共用一组三相副边绕组，对每相绕组其通过的电流方向依次相反，各占 1/3 周期，这样就提高了各绕组的通电时间（加倍），提高了利用率，而且先后的电流方向是相反的，又消除了直流磁化的问题。

二、三相桥式整流电路

以上接线中两组半波整流的负荷电流数值相等，即 $I_{d1}=I_{d2}$，则 $I_{d1}-I_{d2}=0$，零线可以取消，将两组负载阻抗叠加为一个，则成为图 1-8（b）所示的三相桥式整流电路。

桥式整流电路对同样变压器绕组电压来说，其整流电压升高一倍。反之，如整流电压保持一定，则变压器绕组电压可以降低，因而整流元件承受的反电压可以低些。三相桥式整流变压器无直流磁化问题。整流电压 U_d 的波形为六相脉动波形，其整流电压的次序依次为线电压 U_{ab}、U_{ac}、U_{bc}、U_{ba}、U_{ca}、U_{cb}、U_{ab}、……。如图 1-9 所示。

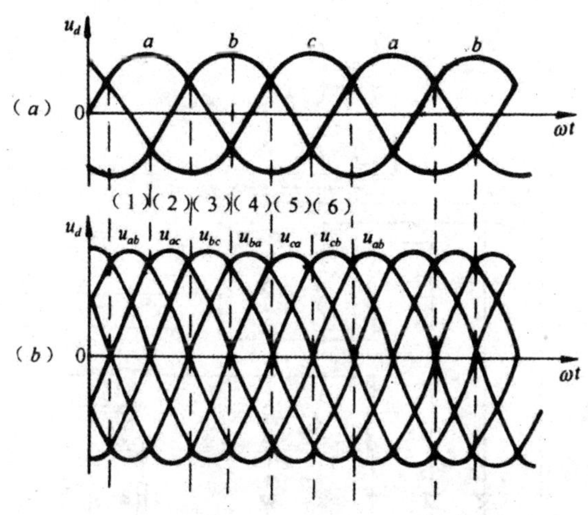

图 1-9　三相桥式整流电路整流电压波形

三、大功率供电整流电路

对于化工、冶金和电力牵引用的大功率整流设备，由于其直流电压不太高，而电流很大，为了避免整流支路的整流元件（管）并联数目不致太多，而造成元件之间电流分布不均的问题，可以用两组整流器并联工作的方法。同时可以使两组整流器相互之间有相位移（相差），以求得多相整流，减少整流电压脉动的目的。下面介绍两种这样的电路：

1. 带平衡电抗器的双反星形整流电路（图 1-10）

所谓双反星形是整流变压器的次边每相有两个匝数相同的绕组，分别接成两组三相半波整流电路，即 a、b、c 和 a'、b'、c' 两组。a 与 a'、b 与 b'、c 与 c' 分别绕在同一个铁芯上，其极性相反，或者说电压的相位差 180°。如图 1-10 中表示同名端的“·”符号所示，故称双反星形电路。图中两组三相半波整流电路并联连接，每组只供给总负荷电流的一半。它与由两组三相半波电路串联而成的三相桥式电路相比，输出电流可增大一倍。变压器次边两绕组的极性相反可以消除变压器中的直流磁化问题。

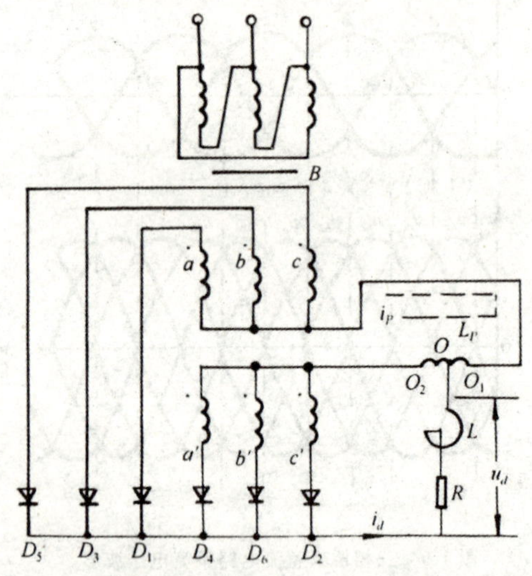

图 1-10　双反星形整流电路

两组整流电路的整流电压、电流波形如图 1-11 所示。

实际上两组整流电路并联连接，要达到真正并联工作，必须两个电源的情况完全相同（平均值和瞬时值均相等）才行。在双反星形电路中，虽然两组整流电压的平均值 U_{d1} 和 U_{d2} 相等，但是它们的脉动波相差 60°，它们的瞬时值 u_{d1} 和 u_{d2} 是不同的。为了解决这个问题，在两组整流电路的中心点 O_1 与 O_2 之间接入了一个平衡电抗器 L_p，L_p 分成两半，两组整流电路各占一半。平衡电抗器的作用既起到限制由于瞬时电压 u_{d1} 与 u_{d2} 的不同而造成的在两组整流电路内部流通的不平衡电流 i_p——称环流的数值，从而均化两组整流电路的负荷电流，同时还在中点 O_2O 和 OO_1 中产生感应电势以补偿两个整流电路瞬时电压 u_{d1} 和 u_{d2} 的差异，使两组整

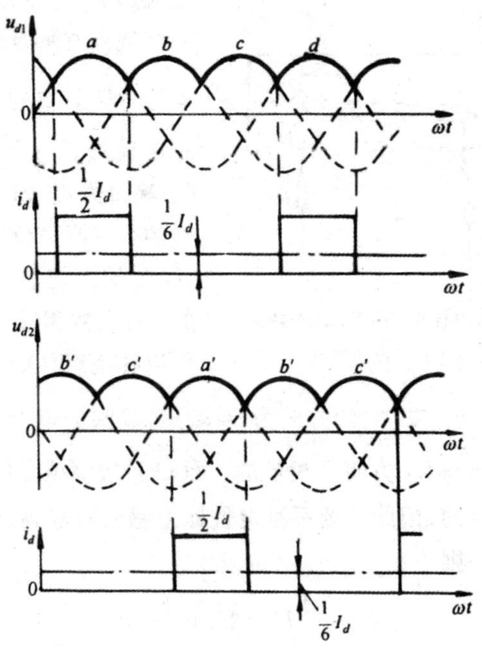

图 1-11　双反星形整流电路整流电压、电流波形图

流电路加到负荷上的电压相等，即两组整流电路真正并联工作。此时的整流电压波形如图 1-12 所示。

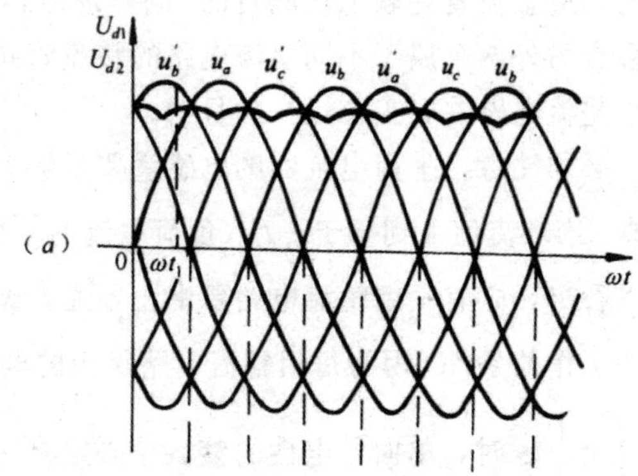

图 1-12　平衡电抗器作用下的输出电压的波形

为了说明平衡电抗器的作用过程，可见图 1-13。从图 1-12 中，在 ωt_1 时 U_b' 电压最

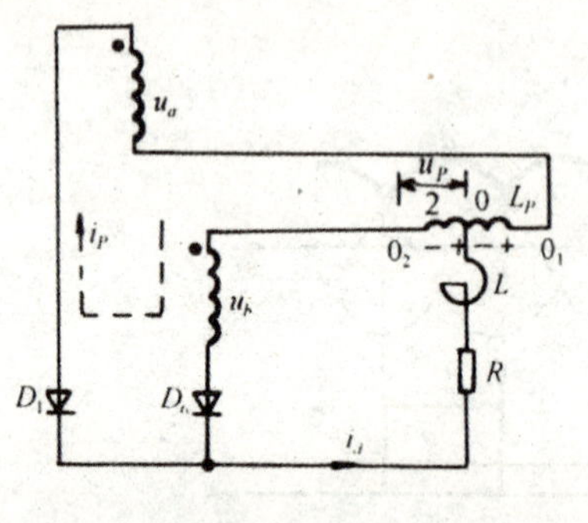

图 1-13　平衡电抗器作用下，二个整流管同时导电及环流的情况

高，二极管 D_6 导通，此电流流经 L_p 时，平衡电抗器的一半绕组（OO_2）端要感应一电势 $\frac{1}{2}U_p$，它的方向是要阻止电流增长（即 O 端为正，O_2 端为负）。因为平衡电抗器的另一半（OO_1 端）是与（OO_2 端）绕在同一铁心上的，且匝数相等，绕向相同，所以在绕组（OO_1 端）上也要感应出电势 $\frac{1}{2}U_p$ 来，它的方向为 O_1 端正，O 端为负。很显然，OO_2 绕组上的电势与 U_b' 方向是相反的，而 OO_1 端绕组上的电势与 U_a 的方向是一致的，因此只要平衡电抗器上感应的电势 U_p 与 U_b'、U_a 的差值相等，则

$$U_b'-\frac{1}{2}U_p=U_a+\frac{1}{2}U_p$$

此时整流管 D_1 与 D_6 必同时导通，达到了该期间两组整流电路的相应整流管并联工作的目的。同样理由，在其他任何时间，必然会有另外两个属于不同整流电路的整流管同时导通，这就达到两组整流电路并联工作运行的目的。

必须注意，平衡电抗器的电感量要足够大，以限制环流电流 i_p 值。当环流值大到等于 $\frac{1}{2}I_d$（负荷电流的一半）时，则从电路图可以看出，必有一组整流电路要中止导通，破坏了两组整流电路并联工作的条件，因为每组整流电路承担的电流为 $\frac{1}{2}I_d\pm i_p$。当环流增至 $\frac{1}{2}I_d$ 时，单向导电性的整流管必定有一组会阻断，成为单组运行。

2. 两组三相桥并联组成的十二相整流电路

目前城市轨道交通直流牵引变电所用的大功率半导体整流装置，为了提高直流供电质量，降低电压脉动量，减少注入电网的谐波含量和提高整流变压器的利用率，普遍采用多相整流电路。

下面介绍一种如图 1-14 所示的两组三相桥式并联组成的十二相整流电路。

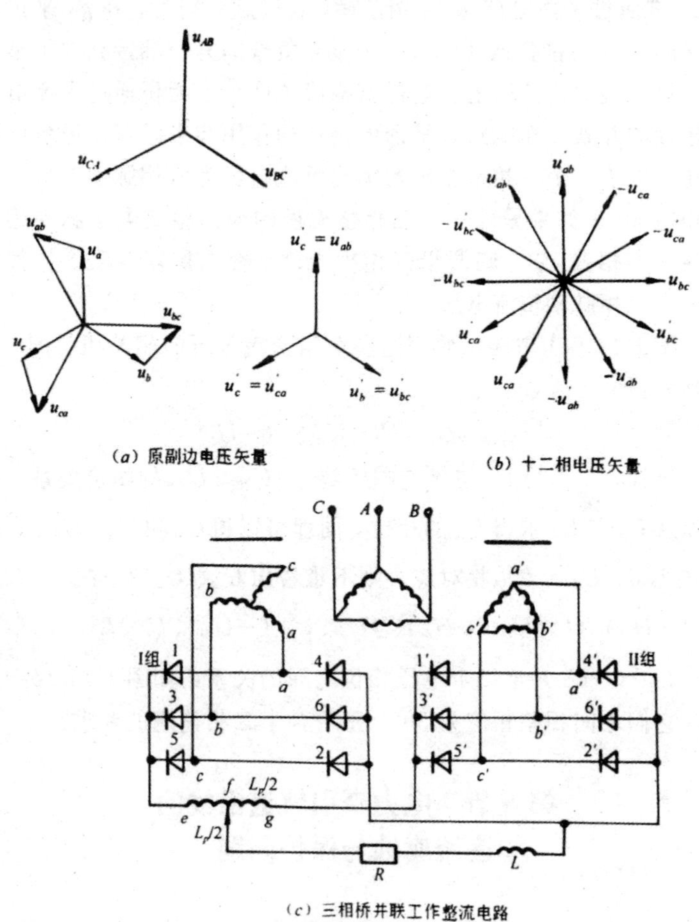

图 1-14 △/Y-△接线整流变压器和两组三相桥式并联工作构成的十二相脉动整流电路

整流变压器原边三相绕组为“△”接线，相应端点为 A、B、C，两个副边绕组，其一为“Y”接线，端点为 a、b、c，另一个绕组为“△”接线，端点为 a'、b'、c'。“Y”接线副边绕组连接到由整流管 1～6 组成的第Ⅰ组三相整流桥上。“△”接线副边绕组连接到由整流管 $1'$～$6'$ 组成的第Ⅱ组三相整流桥上。两组整流桥的“正”端通过平衡电抗器 L_p 相连接，其接点分别为 e 和 g，平衡电抗器的中点 f 接负载（R，L）一端，负载的另一端接到两组整流桥“负”端的连接线上。这样就构成了两个三相桥通过平衡电抗器连接的并联工作电路。平衡电抗器的作用与上述双反星形电路相同。由于一个三相整流桥的输出整流电压为六相脉动波形，各波相差 60°。如果另外一个三相整流桥的输出整流电压脉动相位与第一个相差 30°。则两组三相桥通过平衡电抗器并联工作就能构成十二相脉动整流电压。

图 1-14（a）中表示原副边各绕组交流电压的相关相位图，注意其中：

$$\dot{U}_{ab}=\dot{U}_a-\dot{U}_b=\dot{U}_a+(-\dot{U}_b)$$

已知 U_a、U_b、U_c 与相应电压 U_{AB}、U_{BC}、U_{CA} 的相位关系，就可以从 U_a 与 U_b 求得 U_{ab} 的相位，同理可以得 U_{bc} 和 U_{ca}。U'_{ab}、U'_{bc}、U'_{ca} 与 U_{AB}、U_{BC}、U_{CA} 相对应。则不难看出 U_{ab}、U_{ac}（$-U_{ca}$）、U_{bc}、U_{ba}（$-U_{ab}$）、U_{ca}、U_{cb}（$-U_{bc}$）与 U'_{ab}、U'_{ac}（$-U'_{ca}$）、U'_{bc}、U'_{ba}（$-U'_{ab}$）、U'_{ca}、U'_{cb}（$-U'_{bc}$）十二个电压相位之间的关系，如图 1-14（b）所示，它们之间相差相位为 30°，正符合十二相整流的要求。

第五节 电力牵引轨道沿线的迷流腐蚀与保护问题

绝大多数电力牵引轨道交通线路是以走行轨为其电回路的，由于钢轨与大地之间不是绝缘的，因此由钢轨回流牵引变电所的电流必有部分经大地流回牵引变电所。这部分电流因大地土壤的导电性质、地下金属管道位置的不同，可以分布很广，故称之为“迷流”或“杂散电流”。

对于直流单边供电区段，一个牵引负荷的情况下，其电流的分布情况，大致示意如图 1-15 所示。

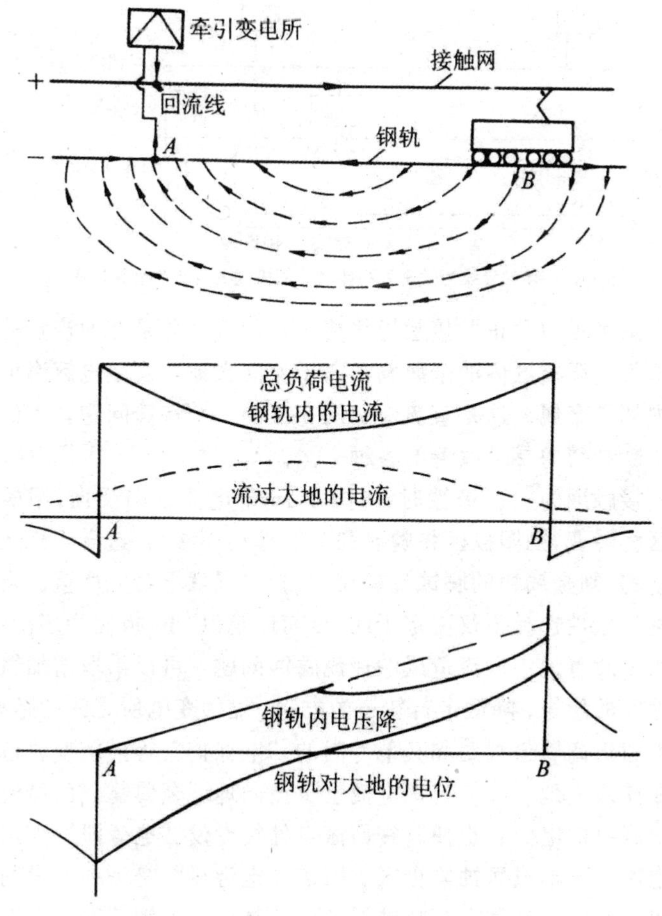

图 1-15 单边供电和一个集中牵引负荷时，钢轨内的电流和电位分布示意图

由图可见，在牵引变电所回流线与钢轨相接的回流点 A 处，

地电流流回牵引变电所。

当轨道沿线地下有金属管道或建筑物钢筋等导电物时，地中迷流必多沿金属导体流动，到了回流点附近再流向钢轨回变电所，因此在回流点附近的金属管道形成了阳极区（对大地为正），如图1-16所示：

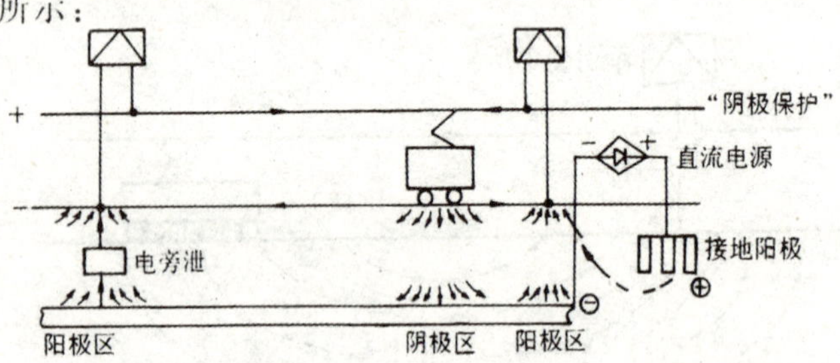

图1-16 接触导线为"+"极性时，阳极区的分布和电保护图

由图可见对"正"接触导线情况，阳极区总是在回流点处不动，这就使阳极区内的金属物正离子流向大地，发生电解腐蚀现象，损坏了金属。这是直流牵引网存在的一个特殊问题，人们总是在不断地努力寻求改善的各种方法。

当接触网为"负"极性时，与图1-16中电流方向反向，阳极与阴极区将转变，则阳极区将随着列车的移动而移动，这样阳极区是不固定的，则金属物的腐蚀现象较均匀，情况就不会太严重。当然接触网的极性选择不仅决定于此，目前还是以"正"极性为多。

为了改善地中电流造成的迷流腐蚀问题，可以采取增加轨道与大地间的绝缘、降低走行轨道的电阻、缩短变电所之间的距离、金属管道远离轨道线路和其他专门的"电保护"等措施使轨道电流少泄漏入大地，即使有地电流也少流向地下金属物，已经流入地下金属物的电流，也使其在回流点处往专设"电旁泄"直接流回变电所，不形成腐蚀阳极区。所谓"电旁泄"是一种专设的电流通道，它保证杂散电流从被保护建筑物回流入钢轨网、牵引变电所回流线或者直接流入与钢轨网相联的牵引变电所母线，使地下建筑物处于阴极状态。

"电保护"的方法很多，除了电旁泄方法之外，还可以有"阴极”保护方法，即人为地把特设的直流电源的阴极接在被保护的地下金属物上，而阳极接在专设的接地器上，这样被保护的地下金属物对地为负电位，没有电流流向大地，而进入的（牵引）地下电流经特设电源由专设接地器（对地为阳极区）流入大地后回变电所，如图虚线部分。当然还可以用与钢轨并联的专用线做为回流线，其投资更高。加拿大的直线电机轨道交通，在走行轨侧设二根接触轨作为正负供电线，这对迷流腐蚀来说也是一个很好的措施，只是结构复杂一些，投资增加。

第二章 变电所的主要电气设备

第一节 概 述

变电所内的电气设备按所属电路性质分为两大类：一次高压电路中所有的电气设备，即为一次设备；二次控制、信号和测量电路中的所有电气设备即为二次设备。

一次设备按其在一次电路中的功用又可分为变换设备、控制设备、保护设备、补偿设备和成套设备等类型。

1. 变换设备

用以变换电能电压或电流的设备。如电力变压器、整流器、电压互感器、电流互感器等。

2. 控制设备

用以控制电路通断的设备。如各种高、低压开关设备。

3. 保护设备

用以防护电路过电流或过电压的设备。如高、低压熔断器和避雷器等。

4. 补偿设备

用以补偿电路的无功功率以提高系统功率因数的设备。如高、低压电容器、静止无功补偿装置等。

5. 成套设备

按一定的线路方案将有关一次、二次设备组合而成的设备。如高压开关柜，低压配电屏，高、低压电容器柜和成套变电站等。

本章主要介绍各种高压电器（一次设备）与开关设备。

第二节 变 压 器

一、变压器的作用

变压器是变电所最主要的设备之一。其作用是将交流电源的电压进行升高或降低。

二、变压器的工作原理

变压器的工作原理如图 2-1 所示，它是一种按电磁感应原理工作的电气设备。一个单相变压器的原、副边两个线圈绕在一个铁心上，副边开路，原边施加交流电压 U_1，则原边线圈中流过电流 I_1，在铁心中产生磁通。磁通穿过副边线圈在铁心中闭合，在副边感应一个电动势 E_2。当变压器副边接上负载后，在电势的作用下将有副边电流 I_2 通过，这样负载两端会有一个电压降 U_2，电压降 U_2 约等于 E_2，U_1 约等于 E_1，所以

$$U_1/U_2=E_1/E_2=W_1/W_2=K$$

式中 U_1、U_2 为原、副边线圈的端电压，W_1、W_2 为原、副边线圈的匝数，K 称为变压器的变比。由上式可以看出，由于变压器原、副边线圈匝数不同，因而起到了变换电压的作用。变压器的电压变比是绕组的匝数比，电流变比是绕组匝数比的倒数。根据上述原理可以制造出单相、三相等各种变压器。

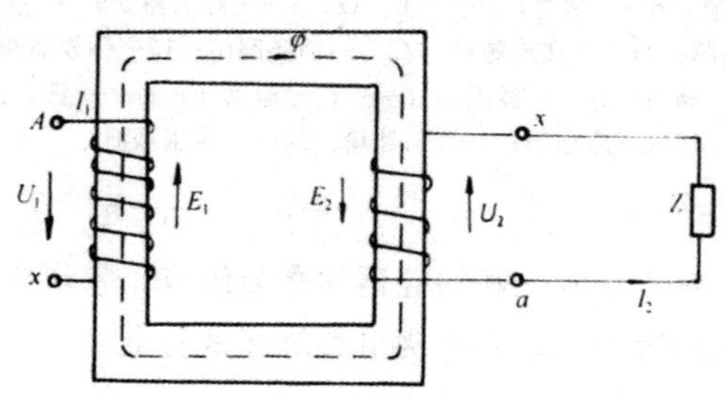

图 2-1 变压器工作原理图

三、变压器的构造

电力变压器根据容量、电压等级、线圈数的不同，外形和附件不完全相同，但主要部件基本上是相同的。变压器的外形和结构可参看图 2-2。变压器的主要部件及其功能如下：

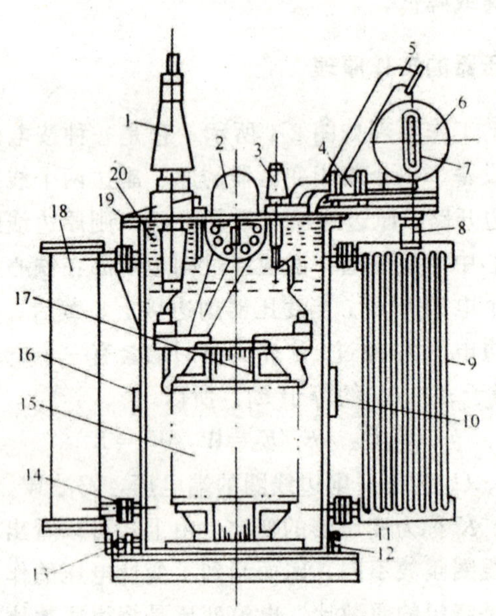

图 2-2 变压器的结构

1——高压套管；2——分接开关；3——低压套管；4——瓦斯继电器；5——防爆管；6——油枕；7——油位表；8——呼吸器；9——散热器；10——铭牌；11——接地螺栓；12——油样阀门；13——放油阀门；14——阀门；15——线圈；16——信号温度计；17——铁心；18——净油器；19——油箱；20——变压器油。

1. 铁心

铁心是用导磁性能良好的硅钢片叠装组成，它形成一个磁通闭合回路，变压器的一、二次绕组都绕在铁心上。

2. 线圈

线圈又称为绕组，是变压器的导电回路。线圈用铜线或铝线绕成多层圆筒形。线圈绕在铁心柱上，导线外边包有绝缘材料，形成导线之间及导线对地的绝缘。

3. 油箱

油箱是变压器的外壳，内部充满变压器油，铁心和绕组都安装在油箱内，铁心和绕组浸在油中。变压器油是绝缘的，它一方面起绝缘作用，同时也起散热作用。变压器的一些部件安装在油箱上。

4. 油枕

油枕也称油柜。变压器油因温度变化会发生热胀冷缩现象，油面也将随温度的变化而上升或下降。油枕的作用是储油与补油，使变压器油箱内保证充满油，同时油枕缩小了变压器与空气的接触面，减少了油的老化速度。油枕侧面装有油位计，可以监视油的变化。

5. 呼吸器

油枕内空气随变压器油的体积膨胀或缩小，排出或吸入的空气都要经过呼吸器。呼吸器内装有干燥剂，吸收空气中的水分，并对空气起过滤作用，保持变压器油的清洁。

6. 防爆装置

防爆装置有防爆管和压力释放装置两种。防爆装置是安装在变压器顶盖上的。当变压器内部发生故障，变压器油剧烈分解产生大量气体，使油箱内压力剧增时，防爆装置将油及气体排出，防止变压器油箱爆炸或变形。

7. 散热器

散热器安装在油箱壁上，上下有管道与油箱相通，变压器上部油温与下部油温有温差时，通过散热器形成油的对流，经散热器冷却后流回油箱，起到降低变压器油温度的作用。为了提高冷却效果，可以采用自冷、强迫风冷和强迫水冷等措施。

8. 绝缘套管

变压器绕组的引出线采用绝缘套管，以便与箱体绝缘。绝缘套管有纯瓷、充油和电容等不同形式。

9. 瓦斯继电器

瓦斯继电器又称为气体继电器，是变压器内部故障的主保护装置，它装在油箱和油枕的连接管上。当变压器内部发生严重故障时，瓦斯继电器接通断路器跳闸回路；当变压器内部发生不严重故障时，瓦斯继电器接通故障信号回路。

10. 温度计

温度计用来测量油箱里上层油温，监视变压器运行是否正常。

11. 调压装置

调压装置是为了保证变压器二次侧电压而设置的。当电源电压变动时，利用调压装置调节变压器的二次电压。调压装置分为有载调压和无载调压两种。有载调压可以在变压器带负载的状态下进行电压调节，而无载调压装置的调压则必须在不带负载时才能进行操作。

四、变压器的主要技术参数

1. 额定电压 U_N

包括变压器一次侧和二次侧的额定电压 U_{N1} 和 U_{N2}。变压器的二次侧额定电压 U_{N2} 是指变压器空载状态下当一次线圈加其额定电压 U_{N1} 时，获得的二次侧线圈端压。

2. 额定电流 I_N 指线圈额定电流。

3. 额定容量 S_N

额定容量指变压器在额定电压和额定电流条件下，连续运行时输送的容量。单相变压器的额定容量为 $S_N=U_NI_N$；三相变压器的额定容量为 $S_N=\sqrt{3}U_NI_N$，这里 U_N 和 I_N 为相应变压器的额定线电流和线电压。

4. 变比 K

变比是指变压器一次绕组额定电压和二次绕组额定电压之比，也是变压器一次绕组线圈匝数和二次绕组线圈匝数之比。

5. 铜损 ΔS_0

铜损是指变压器一次、二次额定电流流过绕组时产生的能量损耗。

6. 铁损 ΔS_k

铁损是指变压器在额定电压下，在铁心中产生的能量损耗。

7. 阻抗电压降 U_0%

阻抗电压降是指变压器在二次绕组短接的情况下，一次绕组中流过额定电流时所引起的电压降。一般以百分数（%）表示。

8. 空载电流 I_k%

空载电流是指变压器在额定电压下空载运行时，一次绕组中流过的电流。一般以百分数表示。

9. 连接组别

连接组别是指三相变压器一次绕组与二次绕组连接的方式，如星形（Y）连接、三角形（△）连接。

五、变压器的分类

变压器的分类方法很多，主要有：

1. 按变压器的应用方式分

有升压变压器和降压变压器。

2. 按变压器的相数分

有单相变压器、三相变压器和多相变压器。

3. 按线圈形式分

有单线圈变压器（自耦变压器）、双线圈变压器和三线圈变压器。用途最广的是双线圈变压器。

5. 按变压器铁心和线圈的相对位置分

有心式变压器和壳式变压器两种。心式变压器的线圈包在铁心的外围，壳式变压器的铁心包在线圈的外围。

6. 按变压器绝缘和冷却的方式分

有油浸式、干式和充气式三种。油浸式变压器的铁心和线圈都浸在盛满变压器油的油箱中，用油绝缘；冷却方式有自冷、强迫风冷、水冷或强迫油循环冷却等形式；干式变压器的铁心和线圈利用空气绝缘和冷却；充气式变压器的器身放在一密封的铁箱内，箱内充以特种气体，箱内的气体通过热交换器冷却。

必须指出，城市轨道交通电力牵引变电所如采用地下式的（例如地下铁道用），为了防止油箱爆炸引起的严重后果，多应用干式变压器。

7．按调压装置的种类分

分有载调压变压器和无载调压变压器。

第三节　高压开关设备

一、高压断路器

（一）断路器的作用

断路器又叫高压开关，它是变电所的重要设备之一。断路器不仅可以切断与闭合高压电路的空载电流和负载电流，而且，当系统发生故障时，它与保护装置、自动装置相配合，可以迅速地切断故障电流，以减少停电范围，防止事故扩大，保证系统的安全运行。

（二）断路器的结构和种类

断路器的主要结构大体分为导流部分、灭弧部分、绝缘部分和操作机构部分。

断路器在闭合时起接通回路的作用。当断路器断开时，触头虽已分开，但触头间仍会产生电弧，因而断路器应具有灭弧能力。断路器的灭弧方法有多种，从灭弧方法上可以将断路器分为以下几类：

1．油断路器

油断路器有少油断路器和多油断路器两种。

油断路器的灭弧室和触头都安装在瓷套中，瓷套中的油作灭弧介质。油断路器在早期使用较多，随着技术的发展，已逐步被性能更优越的断路器所取代。

2．六氟化硫断路器

六氟化硫是一种无色、无臭、无毒、不燃的惰性气体，它具有良好的灭弧和绝缘性能，用六氟化硫气体作为灭弧和绝缘介质的新型气吹断路器，已得到了广泛的应用。

六氟化硫断路器在吹弧的过程中，气体不排入大气，而在封闭系统中反复使用。图 2-3 所示为一敞开式六氟化硫断路器结构图。

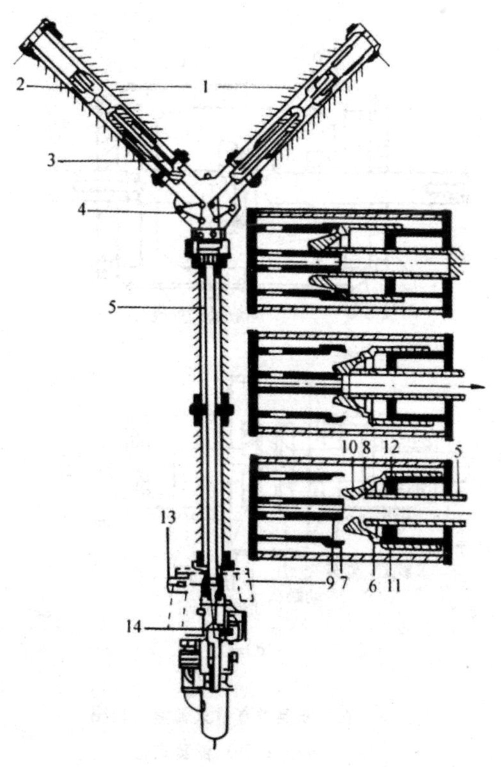

图 2-3　敞开式六氟化硫断路器结构图

1——瓷套管；2——静触头座；3——动触杆；4——传动机构；5——连杆；6——主动触头；7——主静触头；8——辅助动触头；9——辅助静触头；10——喷头；11——压气罩；12——活塞；13——密度继电器；14——控制阀。

3. 真空断路器

真空断路器是利用真空作为绝缘和灭弧手段的断路器。其核心部件是真空灭弧室，真空灭弧室的结构如图 2-4 所示。

真空断路器电寿命长，能频繁操作，新型的真空断路器可以开断额定电流上万次，开断短路电流数十次，而且无爆炸、火灾的危险，目前正得到广泛的应用。

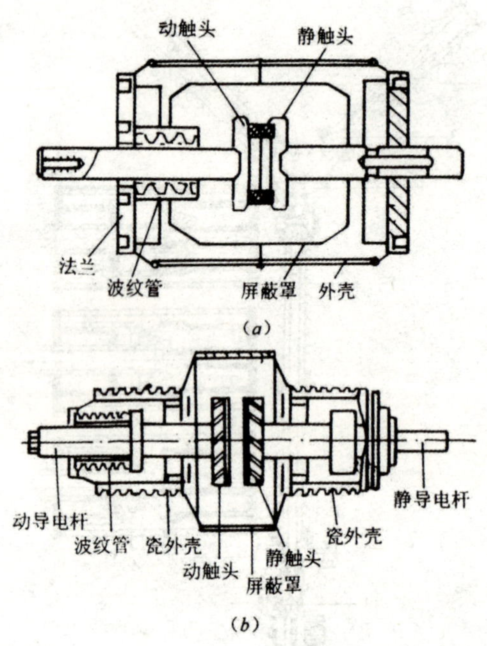

图 2-4 真空断路器真空灭弧室结构图

(a) 玻壳式；(b) 瓷套式。

断路器的工作是由操作机构进行控制的，断路器的操作机构有电磁操作机构、弹簧操作机构、液压操作机构和气动操作机构等。电磁操作机构是利用电磁铁作为操作动力，其特点是结构简单，动作可靠，但需大容量的直流电源。弹簧操作机构是利用电动机使合闸弹簧压缩贮能作为操作动力，其特点是结构简单，不需要大容量直流电源。液压操作机构是利用氮气压缩贮能，以油作为传递压力的媒介，由工作缸活塞的运动带动断路器工作。这种机构效率高，一次贮能可以多次动作，而且动作平稳，但各部件加工精度要求较高，工作中要保持良好的密封性能。气动操作机构是利用压缩机将空气压缩存在气缸内，由压缩空气推动操作机构中的气缸活塞，使断路器动作，其优点是操作平稳可靠，不需大容量直流电源，但需有压缩空气系统。图 2-5 所示为 CD_{10}型电磁操作机构示意图。

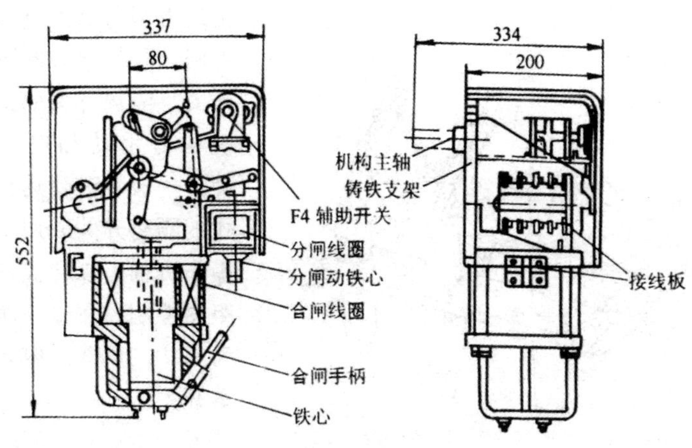

图 2-5 CD_{10}型电磁操作机构示意图

二、隔离开关

隔离开关是没有灭弧装置的开关电器，在分闸状态下有明显的断口，在合闸状态下能可靠的通过额定电流和短路电流。因隔离开关没有灭弧装置，不能切断负荷电流和短路电流，因此隔离开关通常和断路器配合使用，且在操作中必须注意与断路器操作的先后顺序。当合闸时，先合隔离开关，后合断路器；分闸时，先分断路器，后分隔离开关。这种操作通常称为倒闸操作。为了保证安全，一般采用连锁装置，以防止误操作。

隔离开关的主要用途有：

1. 为设备或线路的检修与分段进行电气隔离；

2. 在断口两端电位接近相等的情况下，倒换母线，改变接线方式；

3. 分合一定长度的母线和电缆；

4. 分合一定容量的空载变压器、一定长度的空载线路和电压互感器。

隔离开关按安装地点可分为户内型和户外型；按触头运动方式分为水平回转式、垂直回转式、伸缩式和直线移动式；按有无接地刀闸可分为有接地刀闸和无接地刀闸隔离开关。隔离开关的操作机构有手动和电动两种。一般对改变运行方式的隔离开关采用电动操作机构，以便实现远距离控制。图 2-6 所示为 GN8-10 型户内式隔离开关。

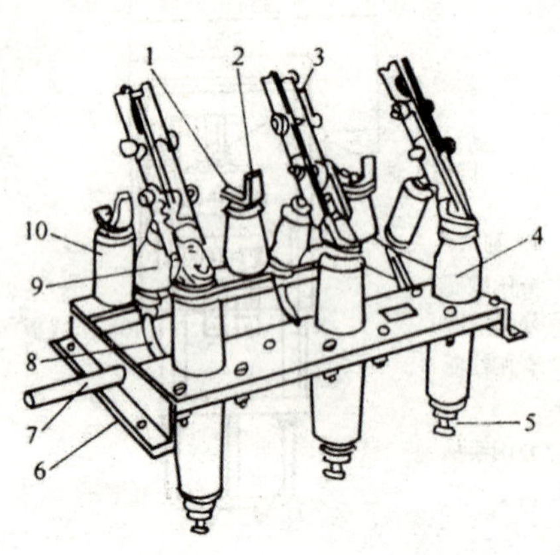

图 2-6 GN8-10 型隔离开关

1——上接线端；2——静触头；3——刀闸；4——套管绝缘子；5——下接线端；6——柜架；7——转轴；8——拐臂；9——升降绝缘子；10——支柱绝缘子。

三、熔断器

熔断器是一种在通过的电流超过规定值时使其熔体熔化而切断电路的保护电器。熔断器的功能主要是对电路及其中设备进行短路保护，但也有的具有过负荷保护的功能。

熔断器由金属熔体、支持熔体的触头装置和外壳等组成，当电路中电流过大时，熔体将被烧断，这样，当电路中过载或短路时，熔断器能迅速切断电路，使电路中的各种电气设备得到保护。

熔断器的优点是结构简单，价格低，体积小，维护与更换方便，应用广泛。其缺点是不能用以正常切断或接通电路，而必须与其他电器配合使用；另外，当熔体熔化后必须更换，需短时停电。

熔断器主要有管式熔断器和跌落式熔断器两种。管式熔断器和跌落式熔断器的典型结构分别如图 2-7 和图 2-8 所示。

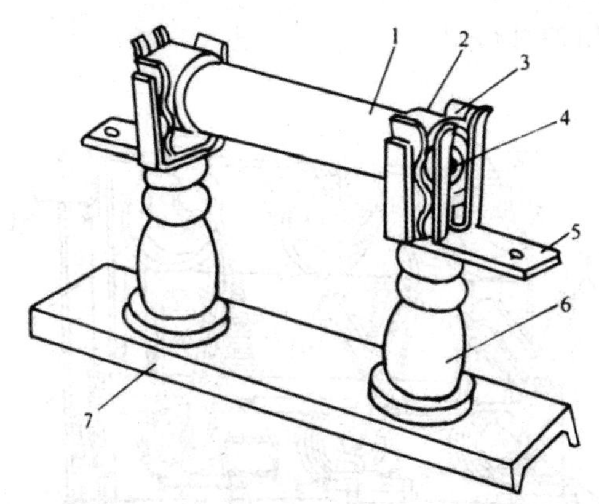

图 2-7　高压管式熔断器（RN_1、RN_2 型）

1——瓷熔管；2——金属管帽；3——弹性触座；4——熔断指示器；5——接地端子；6——瓷绝缘子（支柱瓷瓶）；7——底座。

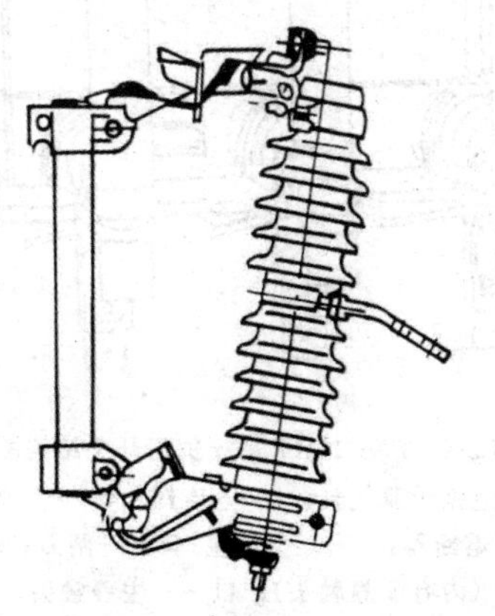

图 2-8　高压跌落式熔断器（RW_4-10（G）型）

四、负荷开关

负荷开关是在高压隔离开关的基础上加入简单的灭弧装置而成的，能切、合负荷电流，但不能切断短路电流。因此，负荷开关必须与高压熔断器配合使用，短路电流由熔断器切断，而它专门在高压装置中通断负荷电流，也能在过负荷的情况下自动跳闸（在装有热脱扣器时）。

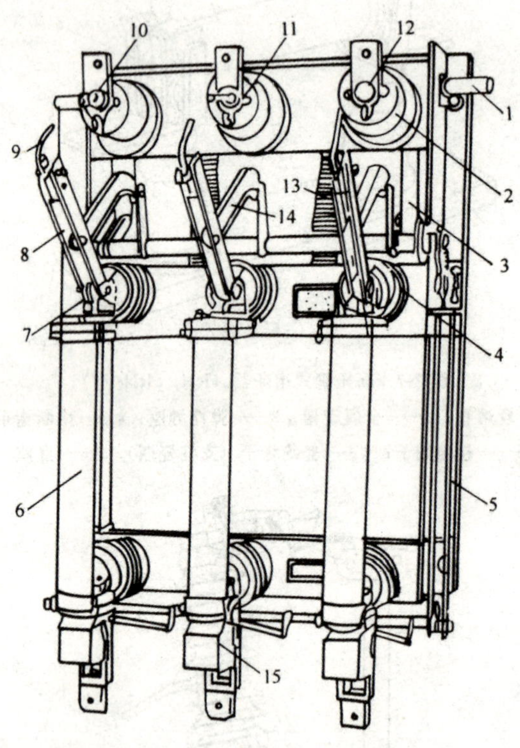

图 2-9　FN_3-10RT 高压负荷开关结构图

1——主轴；2——上绝缘子兼气缸；3——连杆；4——下绝缘子；5——框架；6——RN_1 型高压熔断器；7——下触座；8——闸刀；9——弧动触头；10——绝缘喷嘴（内有弧静触头）；11——主静触头；12——上触座；13——断路弹簧；14——绝缘拉杆；15——热脱扣器。

负荷开关常在一些需要经常进行分、合闸的地方使用。负荷开关的结构与断路器相似，只是开断性能要求比断路器低。因此，构造比断路器简单，操作机构的操动力较小，价格也较断路器低。

高压负荷开关分户外和户内两大类。负荷开关和隔离开关一样，断开时有明显可见的断开间隙，它也能起隔离电流的作用，保证检修时的人身安全。负荷开关灭弧介质有真空式和六氟化硫式。真空负荷开关尺寸小，重量轻，电寿命长，维护工作量小。图2-9所示为FN_3-10RT型高压负荷开关结构图，其灭弧装置（压气式）工作示意图如图2-10所示。

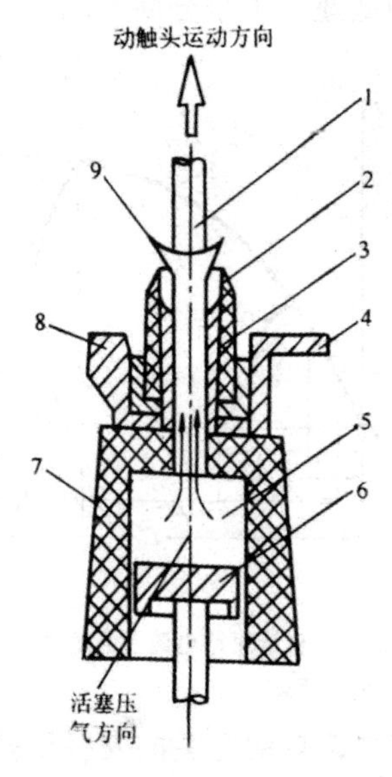

图2-10 FN_3-10RT高压负荷开关灭弧装置工作示意图

1——弧动触头；2——绝缘喷嘴；3——弧静触头；4——接地端子；5——气缸；6——活塞；7——上绝缘子；8——主静触头；9——电弧。

五、直流开关

直流开关又称为直流快速开关或直流快速自动开关，它是一种操作和保护电器，能对直流额定电压600～1 500 V电路中直流电机、整流机组和直流馈线等进行分闸、合闸操作，并在短路、过载、逆流（反向）时起保护跳闸作用。

直流电弧的熄灭过程和交流电弧不同，适用于干线、矿山及城市直流牵引供电系统。其电弧电流在时间上不过零点，属于非周期变化的，因而在直流电弧的熄灭上较交流电弧困难。一般来说，熄灭直流电弧的直流开关在速度上有较高的要求，目的是为了加速断开短路或过负荷的直流电流所产生的电弧。

直流开关采用固有动作时间很小（几个ms）的快速开关迅速

断开直流电弧。电弧的熄灭过程如图 2-11 所示。图中曲线 1 为短路电流；曲线 2 为快速开关断开电流；T 为快速开关全分断时间；T' 为低速开关全分断时间。

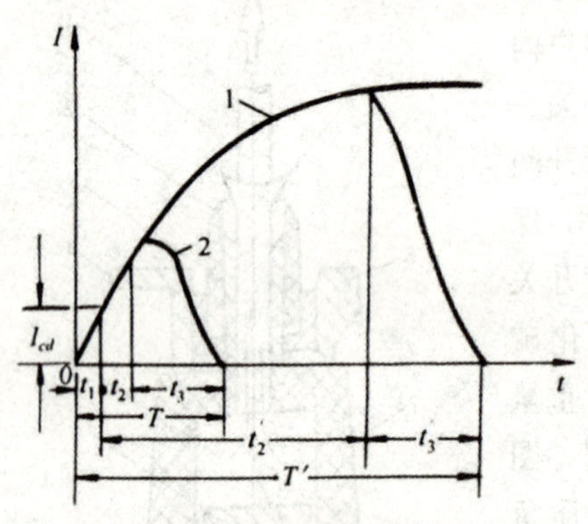

图 2-11　直流短路电流及直流开关断路特性曲线

从图中可以看出，采用直流快速开关对于保护直流系统的电器设备具有非常重要的意义。目前的直流快速开关的固有动作时间在几个 ms，全分断时间可以在十几个 ms 以内。

和交流开断设备相似，直流开关一般由导电部分、灭弧部分、操作及传动部分等组成。直流快速自动开关的类型较多，图 2-12 所示为 DS14 系列直流快速开关结构和外形图。

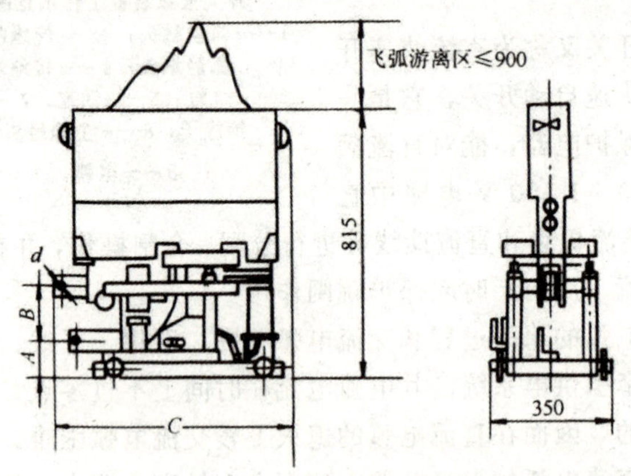

图 2-12　DS14 系列直流快速开关

第四节　互　感　器

互感器是电压、电流变换设备。供电系统中的高电压、大电流参数无法直接测量，供电设备的运行状态也无法直接从主回路上取得参数，因此，需要将高电压、大电流变成低电压和小电流，以供继电保护和电气测量使用。

电压互感器又称为仪用变压器，电流互感器又称为仪用变流器，二者被统称为互感器。从结构和工作原理来说，互感器是一种特殊变压器。

互感器的功能主要有两个：

1. 安全绝缘

采用互感器作一次电路与二次电路之间的中间元件，既可以避免一次电路的高电压直接引入仪表、继电保护设备等二次设备，又可避免二次电路的故障影响一次电路，提高了两方面工作的安全性和可靠性，特别是保障了人身安全。

2. 扩大范围

采用互感器以后，相当于扩大了仪表、继电器的使用范围。由于使用了互感器，可使二次的仪表、继电器等的电流、电压规格统一，有利于大规模标准化生产。

一、电压互感器

电压互感器的基本结构原理如图2-13所示。它的结构特点是：一次绕组匝数很多，而二次绕组匝数较少，相当于降压变压器。它接入电路的方式是：一次绕组并联在一次电路中；二次绕组则并联仪表、继电器的电压线圈。由于二次仪表、继电器的电压线

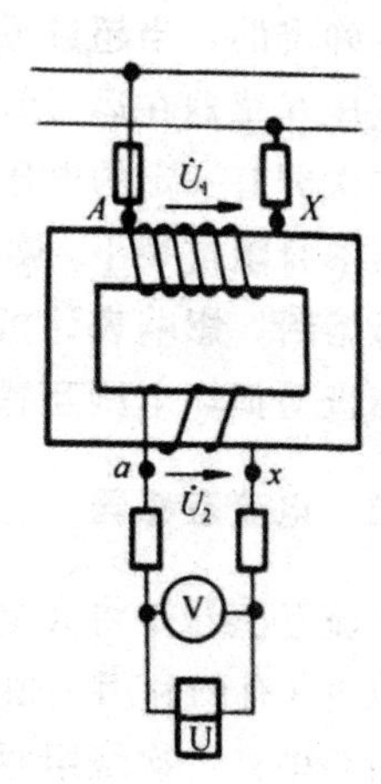

图 2-13　电压互感器原理图

圈阻抗很大，所以电压互感器工作时二次回路接近于空载状态。二次绕组的电压一般为 100V。

电压互感器的一次电压 U_1 与其二次电压 U_2 之间有下列关系：

$$U_1=U_2W_1/W_2=K_uU_2$$

式中，W_1、W_2 分别为电压互感器一次和二次绕组的匝数；K_u 为电压互感器的变压比。

电压互感器的主要技术参数有：

1. 变比 K_u

变比 K_u 一般定义为一次侧额定电压与二次侧额定电压之比。

2. 准确级

电压互感器的误差用准确级表示。根据不同的需要可以选用不同的准确级。

3. 额定容量

电压互感器的误差与其二次负荷有关，因此，不同的电压互感器给出其在保证准确级下的最大负荷。若二次负荷超出所给定的负荷时，其误差将加大。同时，还给出最大负荷功率，这是由热稳定确定的，当超过最大负荷功率时，互感器将烧坏。

电压互感器在运行时二次侧不允许短路。这是因为，电压互感器二次侧有一定的电压，应接于能承受该电压的回路里。电压互感器本身阻抗很小，如二次侧短路，二次侧通过的电流增大造成保险熔断，影响表计指示及引起保护误动作，如果保险容量选择不当极易损坏电压互感器。

二、电流互感器

电流互感器是将大电流变换成小电流的电气设备，其一次绕组匝数少（有的利用一根导线穿过其铁芯，只有一匝），串联接在一次回路中；二次绕组匝数很多，与仪表、继电器等的电流线圈串联，形成一个闭合回路。电流互感器的基本结构原理如图 2-14

所示。

由于电流互感器二次侧所接的仪表、继电器等的电流线圈阻抗很小，所以，电流互感器工作时二次回路接近于短路状态。二次绕组的额定电流一般为5A。

电流互感器的一次电流 I_1 与二次电流 I_2 之间有下列关系：

$$I_1=I_2W_2/W_1=K_iI_2$$

式中，W_1、W_2 分别为电流互感器一次和二次绕组的匝数；K_i 为电流互感器的变流比。

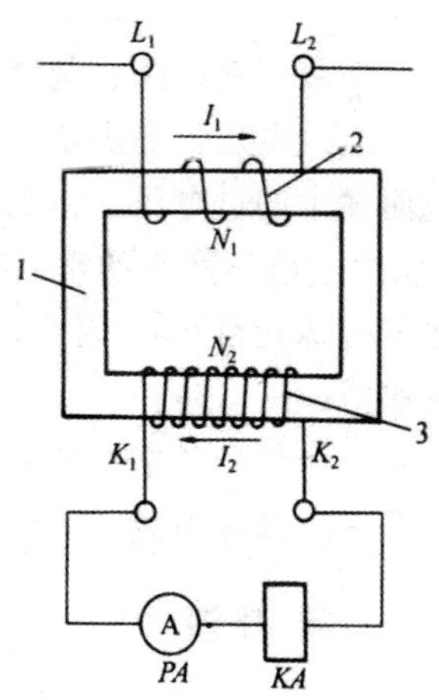

图 2-14 电流互感器原理图
1——铁心；2——一次绕组；
3——二次绕组。

电流互感器的主要技术参数有：

1. 变比 K_i

变比 K_i 一般定义为一次侧额定电流与二次侧额定电流之比。

2. 准确级

与电压互感器类似，电流互感器的误差也用准确级表示。

3. 额定容量

电流互感器的误差与其二次负荷有关，不同的电流互感器给出在保证准确级下的最大负荷。若二次负荷超出所给定的负荷时，其误差将加大。

电流互感器在运行时二次侧不允许开路。这是因为，电流互感器二次侧开路时，二次电流等于零，一次侧电流完全变成了励磁电流，在二次线圈上产生很高的电势，其峰值可达几kV，威胁人身安全，或造成仪表、保护装置、电流互感器二次绝缘损坏。另一方面，原边绕组磁化力使铁心磁通密度过度增大，可能造成铁心强烈过热而损坏。

第五节 避雷装置

避雷装置又称防雷装置，其作用是防止电气设备的雷电过电压。雷电过电压，是由于电力设备或建筑物遭受直接雷击或雷电感应而发生的过电压。雷电过电压又称为大气过电压或外部过电压。雷电过电压产生的雷电冲击波，其电压幅值可达100 MV，电流幅值可达几百 kA，因此，对电气设备的正常运行危害极大，必须采取措施加以防护。

一个完整的防雷设备一般由接闪器、避雷器、引下线和接地装置等三个部分组成。

一、接闪器

接闪器就是专门用来接受雷闪的金属物体。接闪器的金属杆称为避雷针；接闪器的金属线称为避雷线或架空地线；接闪器的金属带、金属网，称为避雷带、避雷网。所有接闪器都必须经过引下线与接地装置相联。

二、避雷器

避雷器是一种过电压保护设备，用来防止雷电所产生的大气过电压沿架空线路侵入变电站或其他建筑物内，以免危及被保护设备的绝缘。避雷器也可以用来限制内部过电压。避雷器与被保护设备并联且位于电源侧，其放电电压低于被保护设备的绝缘耐压值。

第六节 六氟化硫全封闭组合电器（GIS）

六氟化硫全封闭组合电器是将变电站（所）一次接线中的高压电器元件：断路器、母线、隔离开关、接地开关、电流互感器、电压互感器、避雷器、出线套管、电缆终端等的组合，全部元件封闭于接地的金属桶体内，充以一定压力的六氟化硫气体，形成以六氟化硫为绝缘介质的金属封闭式开关设备，并通过电缆终端、进出线套管或封闭母线与外界相连。

全封闭组合电器是一种新型的组合式电气设备，它是在六氟化硫断路器的基础上进一步发展形成的，把各种控制和保护电器全部进行封装的组合电气设备。由于六氟化硫气体绝缘性能优越，所以组合电器体积小，能节省变电站占地面积，使变电站建设成本降低。

在地铁变电所中，由于空间相对较小，对设备之间的安全距离、设备检修等方面有较高的要求，十分适合采用封装式的组合电器。

全封闭组合电器(GIS)具有很大的优越性，但前提条件是封装的电气设备要具有很高的可靠性。由于六氟化硫气体具有很高的绝缘强度，采用全封闭组合电器可缩小各元件之间的绝缘距离，从而使整套配电装置的占地面积和空间体积缩小，且现场的施工工作量大大减少。电气设备进行封装以后，避免了各种恶劣环境的影响，减少了设备故障的可能性，提高了人身安全和设备检修周期。图 2-15 所示为一 ZF220 型 GIS 结构进出线回路布置示意图。

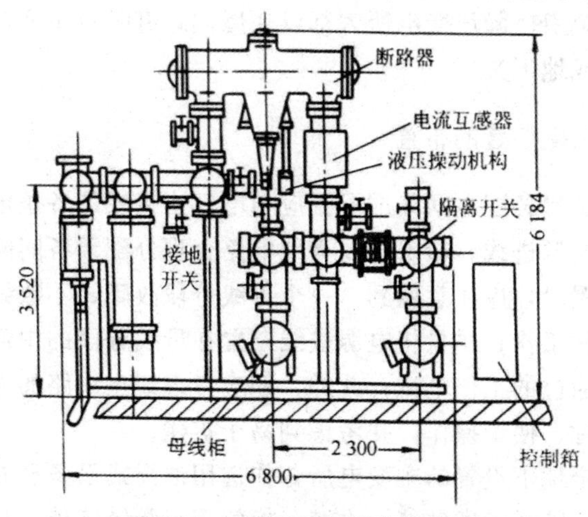

图 2-15　全封闭组合电器布置示意图

第七节　配电装置的类型及对它的要求

一、配电装置

各种电气设备和导体按照不同的布置方式和结构形式连接起来，实现接受和分配电能的任务，以满足技术、经济上的要求，即构成了按照不同需要而形成的配电装置。

二、配电装置的分类

配电装置按其设置场所的不同，基本上可分为两类：

1. 屋内配电装置

安装在建筑物内的电气设备。

2. 屋外配电装置

露天布置的电气设备。有些配电装置受场地或运行条件的限制，部分设备安装在建筑物内，部分设在室外，形成混合式布置。

我国电力系统中，电压在 20 kV 以下采用屋内配电装置，电压在 35 kV 以上采用屋外配电装置。城市轨道交通系统，受城市用地及环境条件限制，而将大部分电气设备设在屋内，地铁供电系统中，牵引、降压变电所大都设在屋内，有时将主变电所也设在屋内（或地下）。

三、配电装置的布置

配电装置各配电间隔的配置应与电气主接线的各条电路相对应，并使电源进线、馈出线及其他电路合理分配于各间隔中。进线电路配置时，应注意做到：一个母线分段故障，不致影响另一分段的正常工作；尽量将电源进线布置在母线分段的中部，以减小母线中通过的工作电流；此外，还应考虑馈出线路的方便，以及布置对称、便于操作，并考虑到易于扩建。

对于全地下设置的主变电所，如选用油浸式设备和充气绝缘开关设备，除需考虑散热、去潮、换气等正常措施外，对油浸式设备的防爆处理和充气开关设备SF6泄露后的排气处理，还应采取下列三项措施：

1. 针对110 kV SF_6组合电器和33 kV SF_6组合电器可能发生SF_6气体泄露的事故，专门设计排气系统。SF_6气体比重大于空气，需用足够强力的风机排气。

2. 针对主变压器、降压变压器、消弧线圈、充油电缆等可能发生的燃爆事故，应专门设计防爆灭火系统，采用化学灭火设备和相应的火灾报警系统。并沿充油电缆敷设温感电缆，以检查电缆是否超温运行或故障引起超温。

3. 针对主变压器和降压变压器等主要发热设备，采用独立的机械送风和机械排风系统。对无油设备的房间则采用自然进风和机械排风系统。另外，各走廊均设置事故排烟系统。

四、配电装置的选型

城轨交通由于所处地理位置，及其在城市交通系统中的重要作用，所以对牵引供电系统提出了更高的要求，其配电装置选型时应遵循下列原则：

1. 全线各变电所的同类设备型式应力求一致，以便于运营维护、管理。

2. 制造工艺成熟、技术先进、质量可靠、价格合理、无维修或少维修的国产设备作为优选对象。

3. 应满足城市的地区环境条件要求。

第三章 牵引变电所

第一节 牵引变电所的类型及原理

牵引变电所的电源一般来自电力系统的区域变电所，牵引变电所的任务就是将电力系统提供的三相工频交流电变为牵引所用的电能。在电力牵引系统中，变电所起着举足轻重的作用，是电力机车或动车正常运行的重要保障。它的运行状态不但对牵引供电系统有影响，还会对电力系统构成影响，可以说它是电力牵引系统的心脏。根据牵引制式的不同，牵引变电所又分为直流牵引变电所和交流牵引变电所。根据不同的牵引制式，变电所内完成相应的变压、变相、变流作用。目前我国的牵引变电所主要有电气化铁路的单相工频交流制牵引变电所和城市轨道交通系统（地铁、轻轨）的直流牵引变电所。

一、交流牵引变电所

交流牵引变电所按其主变压器接线方式的不同又分为:单相牵引变电所、三相牵引变电所、三相-二相牵引变电所。分述如下：

1. 三相牵引变电所

其结构原理如图 3-1 所示。

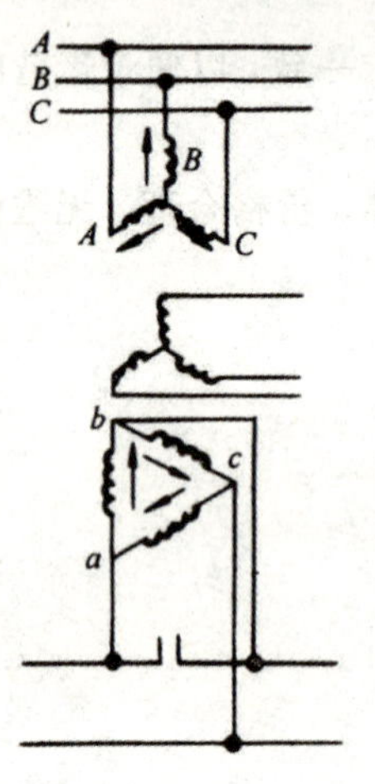

图 3-1 三相牵引变电所原理结构图

将一个三相 Y/△联接的变压器，Y侧接入 110 kV 或 220 kV 的电力系统，△侧作为牵引侧，一个端接入轨道作为公共地，另外两端分别接入接触网的两个相邻供电区段。这样两个相邻区段上的电压将是大小相等，相位相差一定角度的两个线电压，其标准电压是 25 kV，如图所示，左供电臂上的电压 U_{ac}将超前右供电臂 U_{bc}60°，所以两个相邻的接触网区段用分相绝缘器连接。

2. 单相牵引变电所

其原理如图 3-2 和图 3-3 所示。

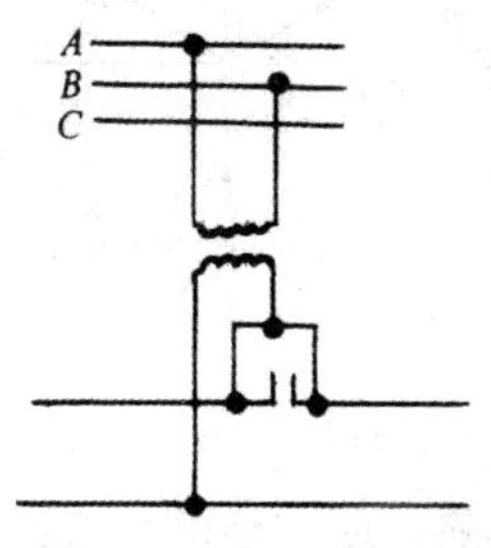

图 3-2 单相牵引变电所原理结构图

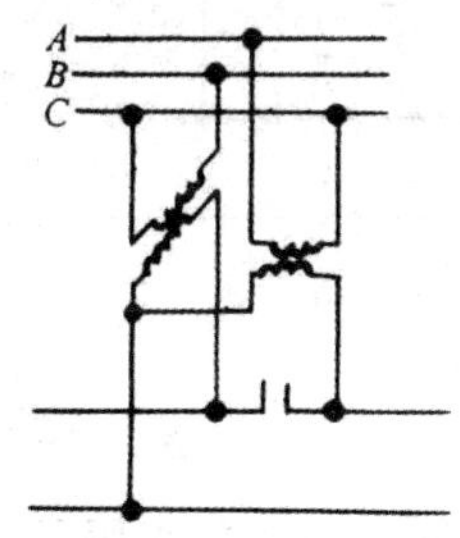

图 3-3 单相牵引变电所开口三角形接线图

图 3-2 所示单相变电所的主变压器是一台单相变压器，其一次侧接入电力系统的不同两相取线电压，二次侧一端接钢轨，另一端接入接触网。也可按图 3-3，在牵引变电所中设置两台双绕组的单相变压器，其一次侧和二次侧连成开口三角形。此开口三角形的两个开口端和一个公共端，在一次侧联入电力系统的三相电网，在二次侧将公共端口与钢轨连接，另两个端口则分别用馈电线接入接触网的两个相邻区段。如此连接的两个接触网区段上的电压大小相等，相位不同，区段中间必须采用分相绝缘结构。

3. 三相-二相牵引变电所

其原理如图 3-4 所示。

这种接线称为斯柯特（Scott）接线，由两台单相变压器构成。在一次侧，底绕组 *BC* 和高绕组 *AO* 连成倒 T 形，其三个出线端接入电力系统的三相电网。二次绕组则连成相位相差 90°的 V 形，公共端接钢轨，另两个端分别接入接触网的不同区段。此种接线方式的优点是当两个供电区段上的电流大小相等时，一次侧的三相

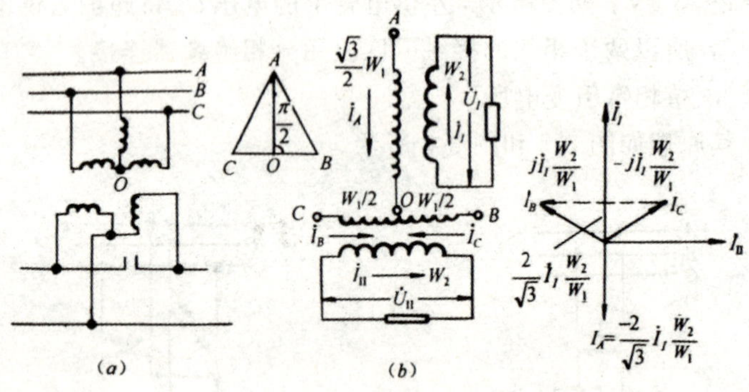

图 3-4 三相-两相牵引变电所接线图

电流对称，这样就克服了前两种接线缺陷，使三相电力系统负荷平衡。Scott 接线的这一特点是由它的接线所决定的，其二次侧两绕组匝数相同，设为 W_2，一次侧两绕组接成正三角形的底与高的关系，设底绕组 BC 的总匝数为 W_1，半个底绕组的匝数为 $W_1/2$，则底绕组变压比 $n=W_1/W_2$。从图 3-4 (b) 可知，当变压器空载时，二次侧绕组端电压分别为 $\dot{U}_{\mathrm{I}}$ 及 $\dot{U}_{\mathrm{II}}$，其间相位差为 $\pi/2$。二次侧电压在有负荷时近似地保持 $\dot{U}_{\mathrm{II}}=-j\dot{U}_{\mathrm{I}}$，因此二次侧的负荷电流如果数值相等，则有 $\dot{I}_{\mathrm{II}}=-j\dot{I}_{\mathrm{I}}$，我们可得一组方程：

$$\dot{I}_A+\dot{I}_B+\dot{I}_C=0$$

$$\dot{I}_A\frac{\sqrt{3}}{2}W_1+\dot{I}_{\mathrm{I}}W_2=0$$

$$\dot{I}_B\frac{W_1}{2}-\dot{I}_C\frac{W_1}{2}+\dot{I}_{\mathrm{II}}W_2=0$$

解得：

$$\dot{I}_A=-\dot{I}_{\mathrm{I}}\frac{W_2}{W_1}\frac{2}{\sqrt{3}}=-\dot{I}_{\mathrm{I}}\frac{2}{n\sqrt{3}}$$

$$\dot{I}_B = \dot{I}_1 \frac{W_2}{W_1}\left(\frac{1}{\sqrt{3}}+j\right) = \dot{I}_1 \frac{1+\sqrt{3}j}{n\sqrt{3}}$$

$$\dot{I}_C = \dot{I}_1 \frac{W_2}{W_1}\left(\frac{1}{\sqrt{3}}-j\right) = \dot{I}_1 \frac{1-\sqrt{3}j}{n\sqrt{3}}$$

可见，如二次侧负荷电流数值相等时，一次侧三相电流是对称的。具有以上优点的变压器接线方式还有：列勃兰接线、变形伍德桥接线。

二、直流牵引变电所

直流牵引变电所从双电源受电，经整流机组变压器降压、分相后，按一定整流接线方式由大功率硅整流器把三相交流电变换为与直流牵引网相应电压等级的直流电，向电动车组供电，图 3-5 所示是直流牵引变电所的接线原理图。

整流机组是直流牵引变电所的关键设备，为降低整流直流中的脉动分量和整流变压器一次侧的谐波含量，一般应采用 12 相脉动的整流接线方式。现代整流机组的单机功率可达 3500 kV 以上。

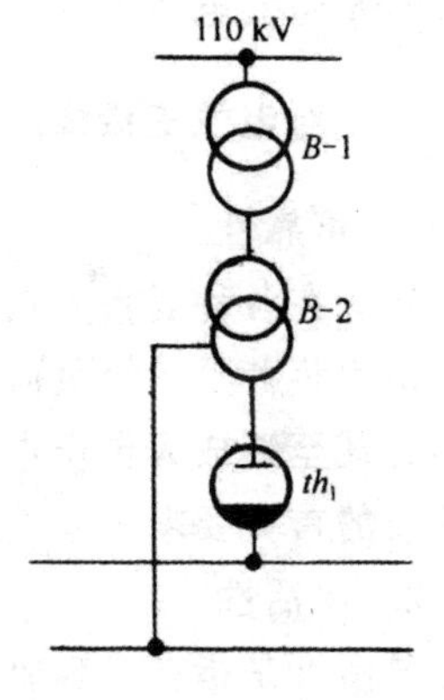

图 3-5　直流牵引变电所的接线原理图

地铁、城市轻轨交通直流牵引变电所，有时常与向车站、区间供电的降压变电所合并，形成牵引、降压混合变电所。此时，主电路结构和电气设备与一般直流牵引所相比有所不同。

在有再生电能需向交流网返送的情况下，直流牵引变电所必须增设可控硅逆变机组（包括交流侧的自耦变压器），其功能和设备也相应增加，运行、技术都较复杂。直流牵引变电所间距离仅几 km，一般不设分区所和开闭所。

第二节　电气主接线

变电所的电气主接线是指由变压器、断路器、开关设备、母线等及其连接导线所组成的接受和分配电能的电路。电气主接线反映了变电所的基本结构和功能，在运行中，它能标明电能的输送和分配的关系以及变电所一次设备的运行方式，成为实际运行操作的依据。在设计中，主接线的确定对变电所的设备选择、配电装置布置、继电保护配置和计算、自动装置和控制方式选择等都有重大影响。此外，电气主接线对牵引供电系统运行的可靠性、电能质量、运行灵活性和经济性起着决定性作用，因此，电气主接线是牵引变电所的主体部分。

一、对电气主接线的基本要求

1. 可靠性

保证在各种运行方式下，牵引负荷以及其他动力的供电连续性。牵引负荷是一级负荷，中断供电将造成重大经济损失与社会影响，甚至造成人员伤亡，所以，高质量、连续的供电是对电气主接线的首要要求。

2. 灵活性

灵活性是指在系统故障或变电所设备故障和检修时，能适应调度的要求，灵活、简便、迅速地改变运行方式，且故障影响的范围最小。这就要求主接线力求简捷、明了、没有多余的电气设备，投入或切除某些设备和线路的操作方便，避免误操作，灵活性还表现在具有适应发展的可能性。

3. 安全性

保证在进行一切操作切换时，工作人员和设备的安全以及能在安全条件下进行维护检修工作。

4. 经济性

应使主接线投资与运行费用达到经济、合理。经济性主要取决于母线的结构类型与组数、主变压器容量、结构型式和数量、高压断路器数量、配电装置结构类型和占地面积等因素。经济性往往与可靠性之间存在着矛盾，要增强主接线的可靠性与灵活性，就需增加设备和投资。因此，在确定主接线的型式时，要进行经济技术比较，在安全可靠、运行灵活的前提下，尽量使投资和运行费用最省。

此外，随着经济的高速发展，铁路和城市交通的运量相应迅速增长，牵引变电所增容，增加馈线和其他设备的改建、扩建经常存在，因此，电气主接线的设计应当长远规划，精心设计，给将来的扩建留有余地。特别是在城市轨道交通变电所设计中，还应注意场地条件安排与城市规划发展相结合。

变电所的变压器与馈线之间采用什么方式连接，以保证工作可靠、灵活是十分重要的问题，解决的措施是采用母线制。应用不同的母线连接方式，可使在变压器数量少的情况下也能向多个用户供电，或者保证用户的馈线能从不同的变压器获得电能。母线又称汇流排，在原理上它是电路中的一个电气节点，它起着集中变压器的电能和给各用户的馈电线分配电能的作用，所以，若母线发生故障，将使用户供电全部中断。故在主接线的设计中，选择什么样的母线制就显得特别重要。

二、电气主接线基本形式

从长期的运行实践中，我们总结归纳出几种基本的电气主接线型式：

1. 单母线不分段接线

在主接线中，单母线不分段是比较简单的接线方式，如图 3-6 所示，设有一套母线，电源回路和用电回路通过断路器

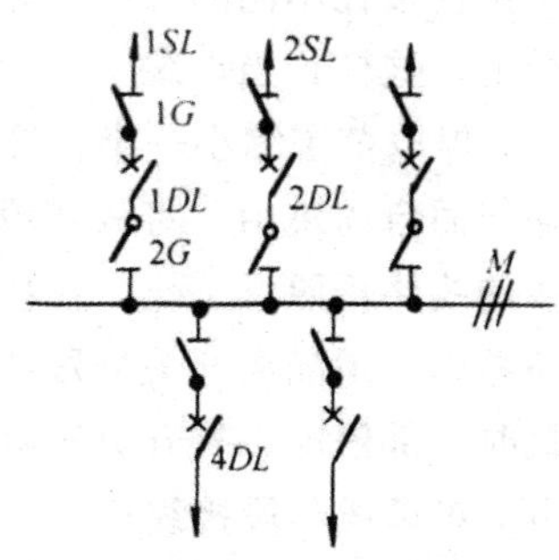

图 3-6　单母线不分段接线

DL——断路器；1G、2G——线路和母线隔离开关；M——母线。

和隔离开关后分别与母线连接。这种接线的特点是接线简单，设备少，配电装置费用低，经济性好，并能满足一定的可靠性。每回路由断路器切断负荷电流和故障电流，检修断路器时，可用两侧隔离开关使断路器与电压隔离，保证检修人员安全。任一用电回路可从任何电源回路取得电能，不会因运行方式的不同而造成相互影响。检修任一回路及其断路器时，仅该回路停电，其他回路不受影响，但检修母线和与母线相连接的隔离开关时，将造成全部停电。母线发生故障，将使全部电源回路断电，待修复后才能恢复供电。这种接线仅用于对可靠性不高的10～35 kV的地区负荷。

2. 单母线分段接线

单母线分段接线是克服不分段母线的工作不够可靠，灵活性差的有效方法，如图3-7所示。分段断路器 MD 正常时闭合，使两段母线并联运行，电源回路和同一负荷的馈电回路应交错连接在不同的分段母线上，这样，当母线检修时，停电范围缩小一半，母线故障时，分段断路器 MD 由于保护动作而自动跳闸，将故障段母线断开，非故障段母线及与其相连接的线路仍照常工作，仅使故障段母线连接的电源线路与馈电回路停电，用隔离开关分段的接线可靠性稍差一些，母线故障时将短时全部停电，打开分段隔离开关后，非故障段母线即可恢复供电。单母线分段接线广泛应用在10～35 kV地区负荷，各种城市牵引变电所和110 kV电源进线回路较少的110 kV接线系统。

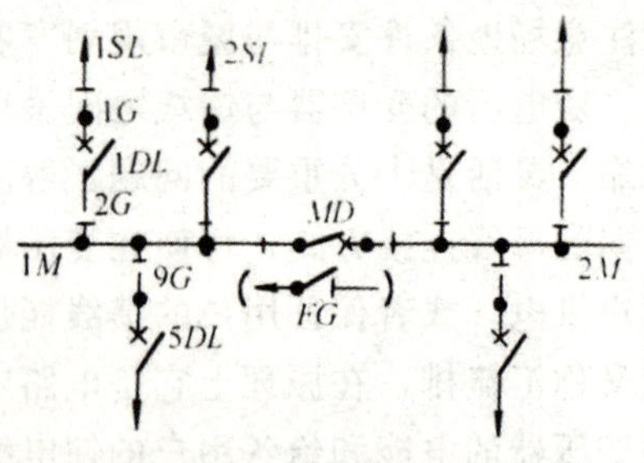

图3-7 单母线分段接线

MD——分段断路器；FG——分段隔离开关。

3. 具有旁路母线的单母线接线

单母线分段接线虽能提高运行的可靠性与灵活性，但线路断路器检修或故障时将使该回路停电。而实际运行中，断路器的故障率较高，检修频繁，是配电装置中的薄弱环节，为克服这一缺点，可采用如图 3-8 所示的具有旁路母线的单母线接线。

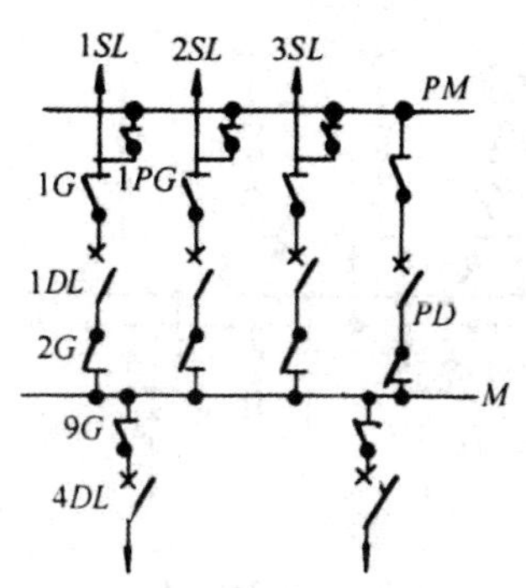

图 3-8 具有旁路母线的单母线接线
PD——旁路断路器；PM——旁路母线；
PG——旁路隔离开关。

图中 *M* 为工作母线，正常工作时旁路断路器 *PD* 断开，旁路母线与各回路相连接的隔离开关 *PG* 均打开，当任一线路断路器例如 1*DL* 需要检修时，可用旁路断路器代替它，为此，需先投入 *PD*（*PD* 两侧隔离开关先合上）和 1*PG*，然后再切断 1*DL* 和其两侧隔离开关，这样便完成了由 *PD* 代替 1*DL* 的转换而使线路 1*SL* 不停电。需要指出，由于隔离开关不能带负荷切断和闭合电路，上述操作顺序应当严格遵守。如果旁路断路器 *PD* 未合闸前先合 1*PG*，则当旁路母线 *PM* 存在短路故障而又事先未被发现时，将 1*PG* 投入，在触头断口处因短路电流通过，形成强大的电弧而不能断开以致造成故障。先合 *PD* 则可借助继电保护作用，使 *PD* 自动跳闸，避免事故的发生。

具有旁路母线的单母线接线不但解决了断路器的公共备用和检修备用，在调试、更换断路器及内装式电流互感器，整定继电保护时都可不必停电。它广泛应用于牵引负荷和 35 kV 以上变电所中，特别是负荷较重要、线路断路器多、检修断路器不允许停电的场合。主要缺点是增加了一套旁路母线和相应的设备，以及为此而增加配电装置的占地面积。

4. 双母线接线

如图 3-9 所示，设有两套母线，即工作母线 1*M* 和备用母线 2*M*，两套母线通过母联断路器 *MD* 连接起来，每条电源线路和馈

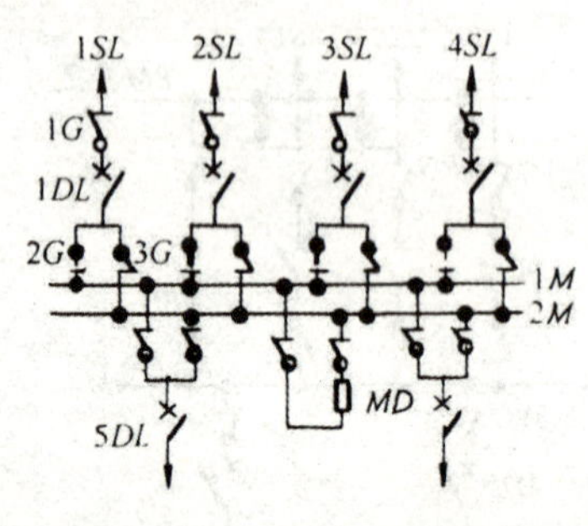

图 3-9 双母线接线

电线路经断路器后用两只隔离开关分别与两条母线连接，正常运行时，仅母线 1*M* 工作，所有与 1*M* 相连接的隔离开关闭合，而与 2*M* 连接的隔离开关断开，母联断路器 *MD* 打开。

双母线接线中，由于它比单母线接线增加了一套备用母线，故当工作母线发生故障时，可将全部回路迅速转换到由备用母线供电，缩短停电时间。检修母线时可倒换到由另一套母线供电而不中断供电，检修任一回路的隔离开关时，只需使本回路停电。无备用断路器情况下，检修任一断路器时，可通过一定的转换操作，用母联断路器代替被检修的断路器，因而停电时间很短，这时电路按具有旁路母线的单母线运行，被检修断路器两侧用电线跨接。

此外，双母线结线方式具有较好的运行灵活性。它还可以按单母线分段的结线方式运行，只需将一部分电源回路和馈电回路接至一套母线，而将其余回路接入另一套母线，通过母联断路器使两套母线连接且并联运行。

双母线接线的缺点是隔离开关的数量多，配电装置结构复杂，转换步骤较繁琐，且一次费用和占地面积都相应增大。

这种接线适用于牵引变电所电源回路较多（四回路以上），且具有通过母线给其他变电所输送大功率供电回路的场合。对于 110 kV 以上电压的变电所母线，如线路较多且不允许停电，则可采用具有旁路母线的双母线接线。

5. 桥形接线

当牵引变电所只有两条电源回路和两台变压器时，可采用如图 3-10 所示的桥形接线。其特点是有一条横跨连接的“桥”。这种接线中，四个连接元件仅需三个断路器，配电装置结构也简单。根据桥接母线的位置不同，分为内桥形和外桥形接线两种。前者的桥接母线连接在靠变压器侧，而后者则连接在靠线路侧，桥接母线上的断路器 QDL 在正常状态下合闸运行。

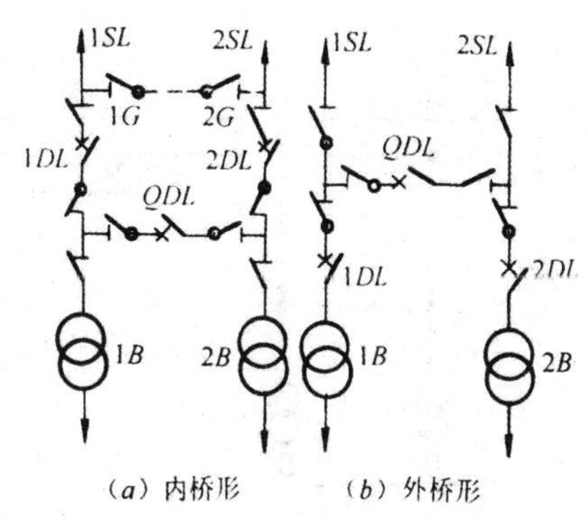

图 3-10　桥形接线

内桥接线的线路断路器 $1DL$、$2DL$ 分别连接在两电源线路上，改变输电线路的运行方式比较灵活，例如线路 $1SL$ 发生故障时，仅 $1DL$ 自动跳闸，两台变压器仍能正常运行，由线路 $2SL$ 供电，但当变压器回路(例如 B_1)发生故障或检修时，须断开 $1DL$ 和 QDL，经过“倒闸操作”，拉开隔离开关 G，再闭合 $1DL$、QDL 才能恢复供电。图 3-10 (b) 中的外桥接线的特点与内桥接线相反，当变压器发生故障或运行中需要断开时，只需断开它们前面的断路器，而不影响电源线路的正常运行，但线路故障或检修时，将使与该线路连接的变压器短时中断运行，须经转换操作才能恢复工作。

比较以上两种接线的运行特点可看出内桥接线适用于供电线路长、故障较多、负荷较稳定的场合，而外桥接线适用于电源线路较短、故障少、负荷不稳定、变压器需要经常切换的场合，也可用在有穿越功率通过的与环形电网相连接的变电所中。

6. 简单分支接线

对于某些中间式（或终端式）牵引变电所，如采用从输电线路分支连接（又称 T 形连接）的电源线路，且进线线路较短，变电所高压母线无穿越功率通过的情况下，上述桥形接线的桥断路器没有任何作用，但考虑运行的灵活性，可在两电源线路间保留带有隔离开关的跨条，形成如图 3-11 的简单接线或称双 T 形接线。

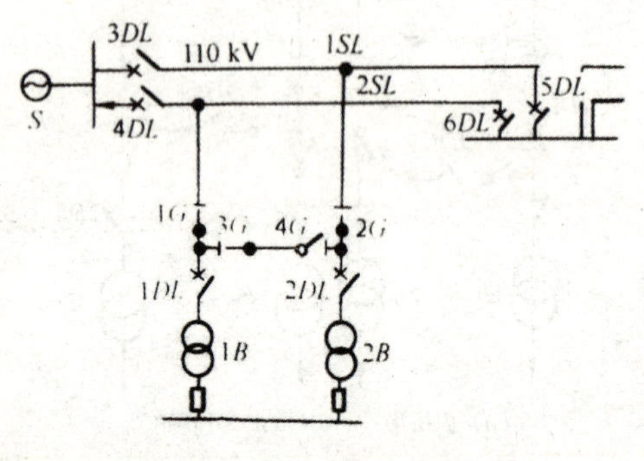

图 3-11　简单接线

这种接线与桥形接线相比，需用的高压电器更少，配电装置结构更简单，分支线路进线不设继电保护，任一电源线路故障，由输电线路两侧的继电保护动作，使两端（3DL 与 5DL 或 4DL 与 6DL）跳闸断开。变电所运行方式按电源参数的不同分为下列两种运行情况：

（1）电源线路允许在低压侧并联，则正常时采用两路电源进线同时供电，跨条上隔离开关断开的运行方式，这时两路电源线路应满足相位一致，并联点电压相等的条件。当一路输电线或电源线路故障而断电后，从变电所用隔离开关 1G（或 2G）把故障线路隔断，并将连接在故障电源线路上的主变压器转换到由正常工作的电源线路供电（两台变压器并联）。

（2）如果两回路电源线路不存在并联条件，因而不允许在一次侧或低压侧并联工作，则将两路电源线路中的一路作为主电源，为并联运行的两台变压器供电，另一电源线路为备用电源，平时用隔离开关将其断开，当主电源故障中断供电时，则转换到由备用电源对并联运行的变压器供电。

三、交流牵引变电所电气主接线

交流牵引变电所承担着向电气化铁路干线电力机车供电的任务，按其在电力系统和牵引供电系统中的作用区分为中心牵引变电所和中间或终端牵引变电所，在此，我们以中心牵引变电所的电气主接线为例，来分析交流牵引变电所电气主接线的特点。图 3-12 所示是一个中心牵引变电所电气主接线。这种牵引变电所一方面要给近区的牵引负荷及其他的地区负荷供电，另一方面通过高压母线还有若干电源线路馈出给其他牵引变电所或地区变电所，110 kV 侧断路器数目较多，为增加供电的连续性，实现断路器的不停电检修，110 kV 侧采用具有旁路母线的单母线分段接线，其中，分段断路器兼作旁路断路器。

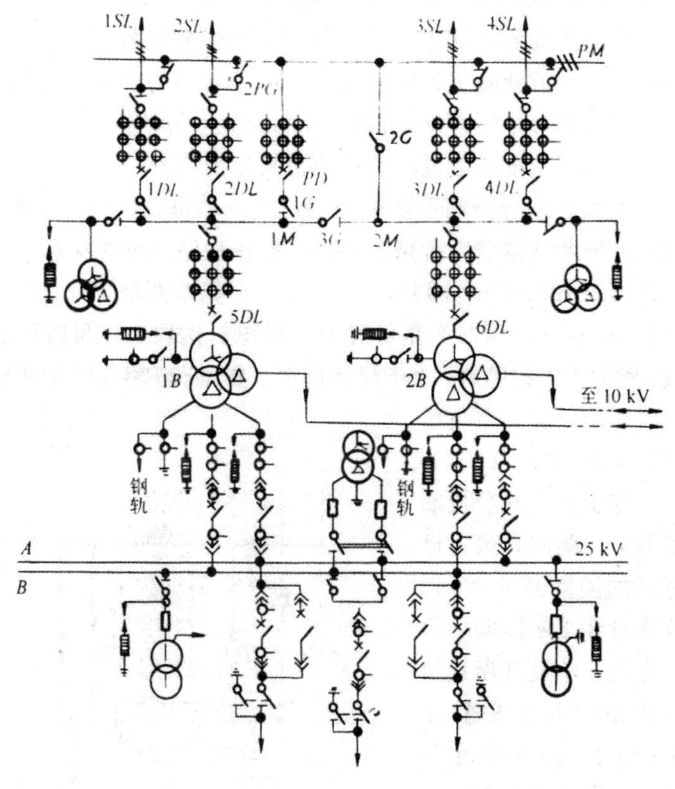

图 3-12　中心牵引变电所电气主接线

主变压器采用两台三相三绕组变压器，分别接于两段母线上，如果主变压器采用单相变压器，110 kV 侧的主接线不变，变压器的公共相接钢轨，其他两相分别接入两段牵引母线。牵引母线负荷侧采用单母线接线，母线上可连接一台（或两台）自用电变压器，另设一台由地区负荷（10 kV）母线供电的自用电变压器。地区负荷容量与主变压器容量比值大于15%，并经技术经济比较认为合理条件下，则采用三绕组变压器（110/25/10 kV）方案，同时向牵引负荷和地区负荷供电，若上述比值小于15%，则在110 kV侧单独设置110/10 kV的三相变压器，或者设置一台25/10 kV的三相变压器向地区负荷供电。

牵引负荷侧采用手车式断路器，为了停电检修110 kV线路和母线时能方便地进行安全接地，110 kV侧与母线、线路连接的隔离开关都带接地刀闸，借助于隔离开关本身的机械联锁装置，保证在主刀闸从电路中隔断后接地刀闸才能闭合。

下面着重分析高压侧带旁路母线的单母线接线的运行方式，以及分段断路器兼作旁路断路器的操作程序。正常状态下，两段工作母线1*M*、2*M*并列运行，分段兼旁路断路器*PD*合闸，隔离开关3*G*打开，这时旁路母线*PM*带电。两段工作母线中的任一段，例如1*M*故障时，由于母线继电保护动作，将1*M*母线所连接的线路断路器和主变压器断路器1*DL*、2*DL*和5*DL*断开，同时分段断路器*PD*跳闸，通过已打开的隔离开关3*G*把故障母线1*M*隔断，另一母线2*M*及其所连接的线路和主变压器2*B*保持正常运行（2*B*由备用变压器自投装置自动投入）。

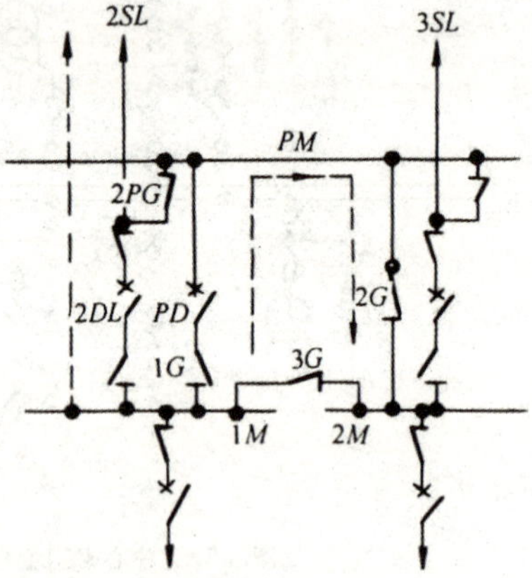

图3-13 由旁路断路器代替线路断路器工作

当任一线路断路器需要进行不停电检修，可用分段断路器*PD*代替被检修的线路断路器的工作，例如线路断路器2*DL*检修时，电路处于正常的状态下，分段断路器*PD*及两侧的隔离开关 1G、2G 已在合闸位置，3G 打开，用 *PD* 代替 2*DL* 的转换操作程序（对照简化图 3-13）如下：

（1）首先合分段隔离开关 3G，使 *PD* 与 3G 并联，然后断开 *PD*，通过分段隔离开关 3G 将两段母线并列运行。

（2）打开隔离开关 2G，合上线路 2*SL* 的旁路隔离开关 2*PG*。

（3）将分段兼旁路断路器的继电保护转换为线路保护，合上 *PD*，断开 2*DL*，再打开它两侧的隔离开关，则 2*DL* 退出工作，由旁路断路器代替 2*DL* 执行线路断路器的作用。

四、直流牵引变电所电气主接线

1. 直流牵引变电所电气主接线的基本特点

地铁、轻轨交通供电系统，根据实际需要，可以专设地铁（轻轨）高压主变电所，由发电厂或区域变电所对其供电，经主变电所降压后，分别以不同的电压等级对牵引和降压变电所供电，这种供电方式被称为集中式供电方式。上海地铁一号线就是采用这种供电方式，在人民广场和万体馆设置两个主变电所负责整个一号线的牵引动力负荷供电。在建中的地铁二号线、明珠线也采用集中式供电方式。在地铁（或轻轨）供电系统中，也可以不设地铁（或轻轨）主变电所，由城市电网中的区域变电所直接对地铁（或轻轨）牵引变电所或降压变电所供电，这种供电方式被称为分散式供电方式，北京、天津地铁就采用这种方式。

对于地铁、轻轨交通直流牵引变电所主接线的设计，除应满足本节对主接线的基本要求和原则外，因该类变电所一般设在地下（如上海地铁）或地面的城市闹市区街道两侧（轻轨系统），受环境条件制约及安全保障的需要，列车牵引、通信信号电源、站厅事故照明和必要的安全环卫设施（通风、排水、防灾、消防和自动扶梯等）都属一级负荷，它们对不间断供电的要求基本相同，此外还有其他的二、三级动力和照明负荷。全部负荷都有同一专用的环形供电系统网络所属的直流牵引变电所、降压变电所（动力用电）和牵引、降压混合变电所供电，各变电所间设有互联网络，如图 3-14 所示。以上特点使直流牵引变电所电气主接线的结构和运行，增加了复杂性；同时，为节约占地面积，节省昂贵的土建造价和满足防火、防灾需要，主接线变配电设备的选择也有其特殊性，应使用干式、高效率的成套设备，这对主接线和配电装置的结构有直接影响。

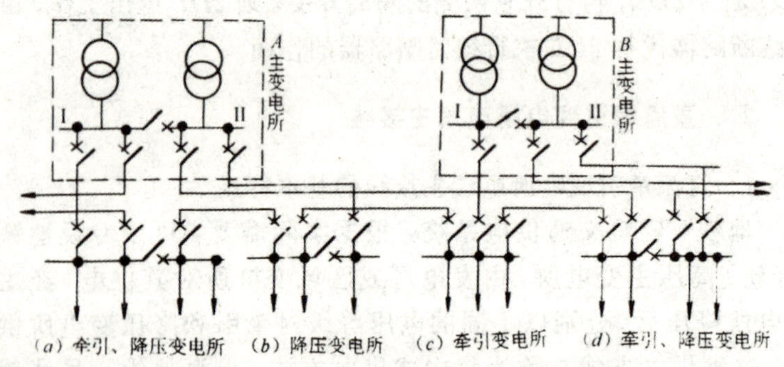

图 3-14　地铁专用供电系统连接方式

此外，还应考虑整流机组类型（整流、可控整流或整流-逆变型）及其整流（逆变）接线方式，对主接线的结构和运行的重大影响。

下面，分别举例介绍主变电所，牵引变电所，牵引、降压混合变电所，降压变电所的主接线。

2. 主变电所

主变电所的作用是将城市电网的高压（110 kV 或 220 kV）电能降压后以相应的电压等级（35 kV 或 10 kV）分别供给牵引变电所和降压变电所。为保证供电的可靠性，一般设置两座或两座以上主变电所，主变电所由两路独立的电源进线供电，内部设置两台相同的主变压器。根据牵引负荷容量和动力负荷容量的大小情况不同，主变压器可采用三相三绕组的有载调压变压器，也可采用双绕组的变压器，使 35 kV 电压和 10 kV 电压来自不同的变压器。采用有载调压变压器使得电源进线电压波动时二次侧电压维持在正常值范围内。

采用三绕组主变压器的主变电所电气主接线如图 3-15 所示，110 kV 侧一般采用单母线分段的内桥接线，分段开关可用断路器，也可用隔离开关，正常运行时分段开关打开，一路电源进线故障时，通过倒闸，两台变压器即可从正常一路电源进线取得电能。35 kV 侧和 10 kV 侧均采用单母线分段接线。在有两个主变电所时，为了确保牵引变电所的可靠供电，可从 35 kV 的两段母线上各引一路送到专设在其他合适地点的线路联络开关处，以供故障时联络之用。当某一主变电所停电时，由该所母线供电的牵

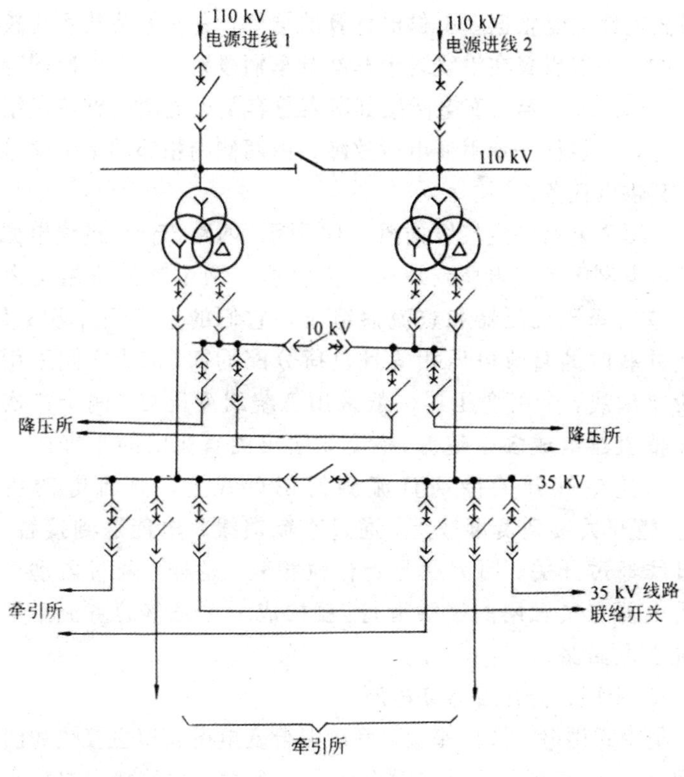

图 3-15　主变电所主接线

引变电所可通过线路联络开关从另一主变电所 35 kV 侧获得电能，任一主变电所停电并且另一主变电所一路电源失压时，可切除二三级负荷，以保证牵引变电所的不间断供电，使电动列车仍能继续运行。

3. 牵引变电所

牵引变电所的功能是将城市电网区域变电所或地铁主变电所送来的 35 kV 电能经过降压和整流变成牵引所用的直流电能，其主接线包括高压交流（35 kV）受、配电系统和直流（0.75～1.5 kV）受、馈电系统两部分，整流机组（整流变压器-整流器组）则是作为交、直流系统变换的重要环节设置的。牵引变电所的容量和设置的距离是根据牵引供电计算的结果，并作经济技术比较后确定的，一般设置在沿线若干车站及车辆段附近，变电所间隔一般为 2～4 km，牵引变电所按其所需总容量设置两组整流机组并列运行，沿线任一牵引变电所故障，由两侧的相邻的牵引变电所承担其供电任务。

牵引变电所的主接线如图 3-16 所示，两路 35 kV 进线电源来自城市电网区域变电所或地铁主变电所，两组整流机组均由相同的牵引降压变压器和整流器组成，它们的直流侧并联工作，为使并联时的直流电压相等且负荷分配均衡，35 kV 侧采用不分段单母线，牵引变压器一般采用三绕组变压器，两个二次绕组和整流器组成多相整流，整流器输出的直流电的正极(＋)经直流高速空气开关接到直流侧的正母线上，直流电的负极（－）经开关接到负母线上，通过直流馈线将电能送到接触网，负母线通过开关、回流线与走行轨相联，这样，通过电动列车的受电器与接触网的接触滑行，就构成一个完整的直流牵引电动机受电回路。

4. 牵引、降压混合变电所

集中式供电方式的牵引、降压混合变电所典型主接线如图 3-17 所示。交流侧电源进线设有两回路互为备用的独立电源电缆线，其中一路进线由专用供电系统主变电所 A 的低压母线 I 段馈

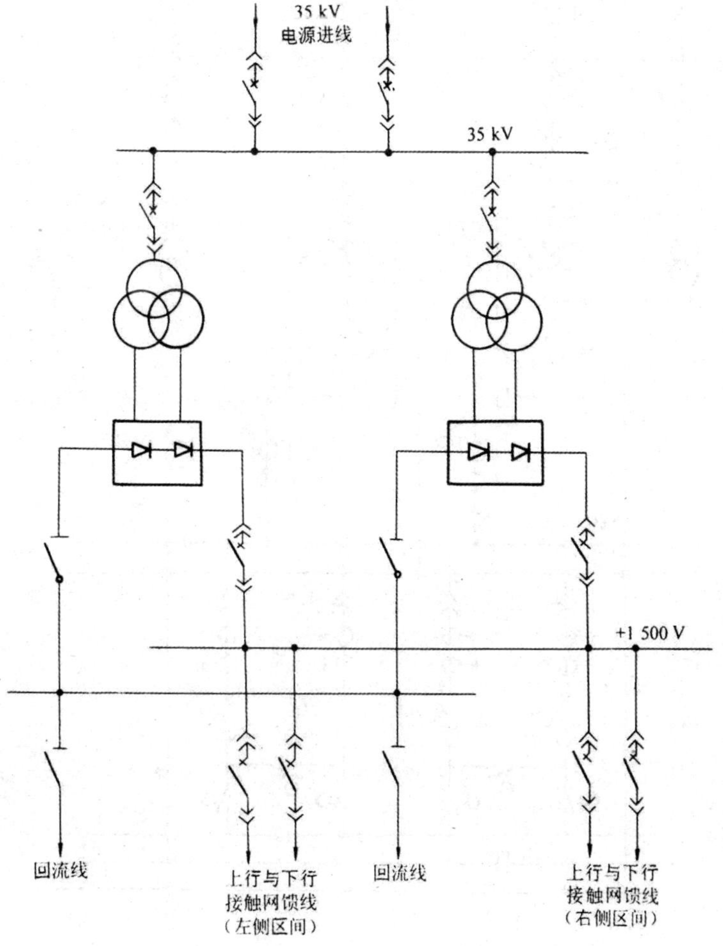

图 3-16　牵引变电所的主接线

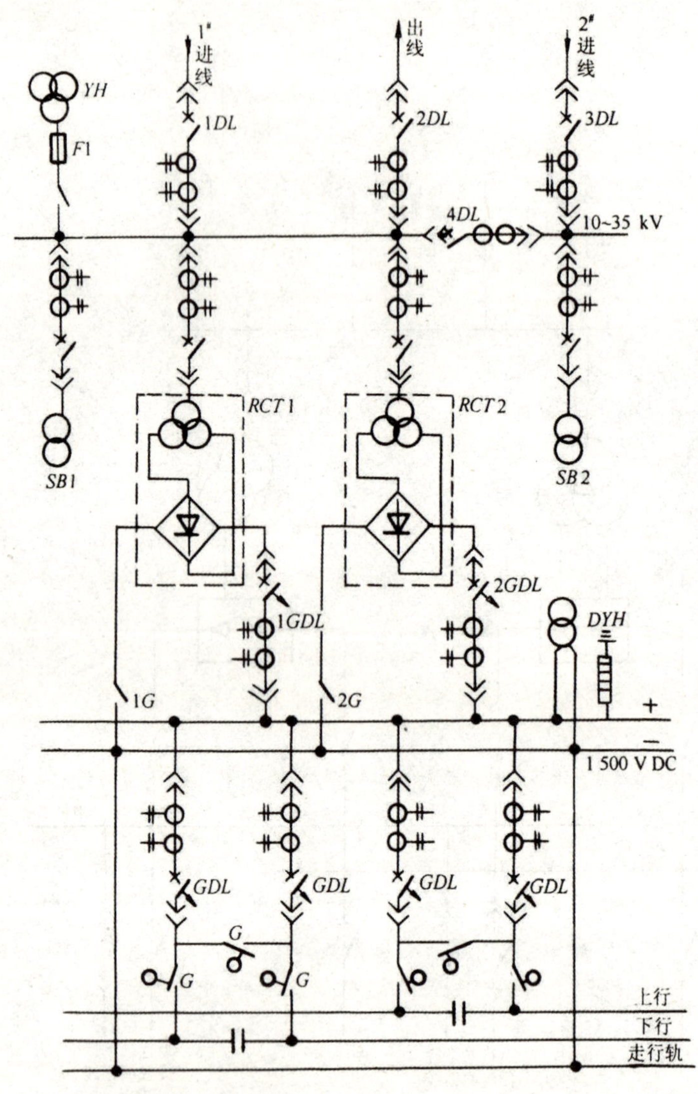

图 3-17 牵引、降压混合变电所典型主接线

RCT——整流机组；*GDL*——快速开关；

DYH——直流电压互感器；*SB*——动力变压器。

出（如图 3-14），另一电源进线则由该车站另一端设置的降压变电所高压母线引入，此高压母线的电源进线，是由主变电所 A（或 B）降压变压器的低压Ⅱ段母线馈出（母线分段断路器处于断开运行），每路电源进线容量应满足车站两个变电所（牵引、降压混合所和降压所）全部一、二级负荷的要求。此外，高压母线的馈出线是相邻变电所电源进线所需要的。正常运行时两路进线同时为两段母线连接的负荷供电，进线断路器均合闸，母线分段断路器（或电动刀闸）断开。当任一电源进线发生故障而断路时，则由自动装置动作使母线分段断路器合闸，全变电所负荷由另一电源进线供电。高压汇流母线采用断路器或电动刀闸分段，有利于母线维修和任一电源进线故障时电路转换的灵活性。

交流高压配电回路设有两台并联工作的整流机组 RCT，两台动力变压器 $SB1$、$SB2$ 分别连接于分段汇流母线的两段上，每台动力变压器容量应满足一、二级动力与照明负荷的需要。当整个供电系统环网只有一路电源时，允许将二、三级负荷部分或全部切除。高压断路器柜采用手车式真空断路器、金属全封闭开关柜。单纯的直流牵引变电所高压单母线可不必分段。

直流侧系统主接线，包括从整流机组的直流输出至直流正母线的电路、回流线、负母线和整流器阳极连接电路，以及从直流母线馈出的馈线电路等（见图 3-17）。每台整流机组的直流输出通过直流快速开关 $1GDL$、$2GDL$ 与正母线相连，其作用是当任一整流机组和母线之间发生短路故障时，由快速开关动作跳闸以保护机组，并使全部馈线快速开关联锁跳闸，切断相邻牵引变电所通过接触轨（网）向故障点馈出故障电流的电路。从正母线馈出的馈电线也设有快速开关 GDL 作为接触网短路的保护。直流快速开关为手车式结构，装于直流开关柜内。

直流快速开关故障和检修时的后备方式，可在供电管理部门增加备用直流开关柜或快速开关手车若干台作后备，统一调配使用。另一种具有备用正母线和备用快速开关的直流侧系统主接线电路示于图 3-18。备用快速开关借助于备用母线（+）PM 作为

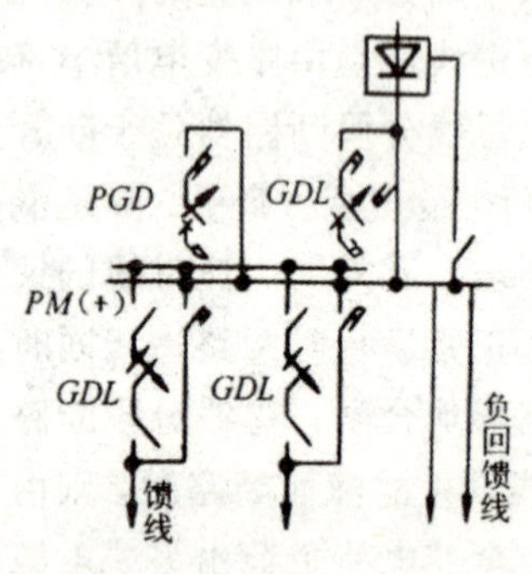

图 3-18 直流侧系统带备用正母线和备用开关的主接线

PGD——备用快速开关；

GDL——快速开关；

PM（+）——备用正母线。

整流机组输出和馈出线任一快速开关故障时的后备，用备用开关 *PGD* 和备用母线代替故障快速开关时的电路转换与旁路母线系统电路转换过程相同。图 3-17 直流母线上连接的直流电压互感器，是为仪表测量所需的，它利用磁放大器原理而获得低电压输出。

直流负母线通过负极开关柜的隔离开关与整流器阳极相连接，同时它经回流线电缆和走行轨或专用的回流轨（有的轻轨系统）相连。轻轨交通牵引变电所直流母线，为防止雷电浪涌过电压和操作过电压对设备造成损坏，一般在正、负母线上都应安装避雷器。

5. 降压变电所

地铁、轻轨交通降压变电所是为车站与线路区间的动力、照明负荷和通信信号电源供电而设置的，可与直流牵引变电所合并，形成前述的牵引、降压混合变电所。多数是单独设置的，其主接线特点和对其基本要求如下：

（1）降压变电所对供电电源的要求，应按一级负荷考虑，由环行电网或二路电源供电，进线电压侧采用单母线分段系统，如图 3-14 及图 3-17 所示。一般设有两台动力、照明变压器，每台变压器应满足一、二级负荷所需的容量。正常情况下，由两台变压器分别供电。

动力、照明的一级负荷，包括排烟事故风机、消防泵、事故照明、通信信号、防灾报警系统、售检票系统、防淹门等。这类负荷如中断供电，将导致地下车站及其通信、信号设备不能工作，引起列车运行秩序混乱，并在发生事故时不能报警和消防。二级负荷包括车站、线路区间和作业场所的工作照明，地下车站风机、排水、排污泵、自动扶梯、人防工程等，这类负荷一旦断电，将对正常运营造成困难。除上述一、二级负荷以外，还有维修、清扫机械、空调等动力和其他照明为三级负荷。

(2) 动力、照明负荷配电系统采用 380/220 V 电压，中性点直接接地的三相四线制。配电母线为单母线自动开关分段，动力变压器低压侧通过自动开关与每段母线连接，动力与照明的一、二级负荷应有两路低压电源供电，且前者应为专用电缆。此外，设有联络电缆与相邻变电所的低压电源连接，作为事故备用电源，也可设备用发电机组、蓄电池组电源作为事故备用电源，如图 3-19 的低压配电系统示意图所示。其中事故电源母线的设计，应保证在本降压变电所全部停电时，由相邻变电所的电源或自备发电机等自动投入，为车站和区间的事故照明供电。

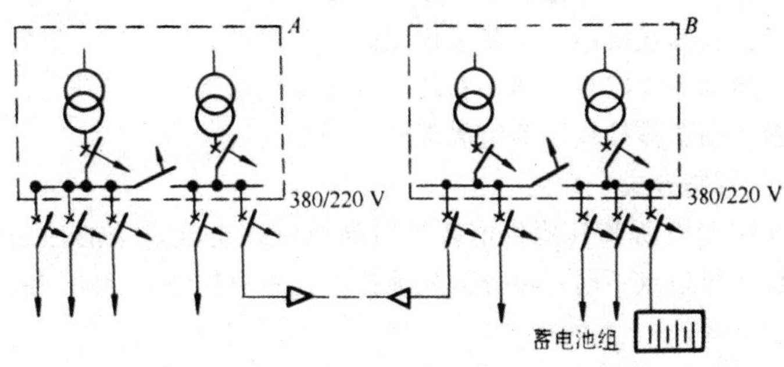

图 3-19 降压变电所低压配电系统示意图

第三节 变电所内的控制和信号电路

一、二次接线（电路）图及控制方式概述

1. 二次接线（电路）图

供变电装置中，为了保证高压电气设备的安全运行和实现对

一次设备的操作控制而设置的控制、信号、检测与继电保护、自动装置等一系列低压、弱电电气设备，通常称为二次设备。用来表明二次设备相互联接的电气接线图，称为二次接线图。二次接线图一般有三种表达形式，即：

（1）原理接线图：也称归总式原理图，用来表示二次设备中的监视仪表、控制与信号、保护和自动装置等的工作原理。使人们对整个装置易于形成完整而清晰的概念。其特点是图中标有相关的主体部分，各设备元件都以整体形式表示，并将所包括的交流电压回路、交流电流回路和直流控制、信号电路等各组成部分一并画出。

（2）展开接线图：展开接线图是在相应原理接线图的基础上，将其总体形式的电路分解为交流电流、电压回路及直流回路等相对独立的各个组成部分。这时电路中设备元件的不同线圈与接点等将分别绘入相应部分的回路中。例如，电流继电器的线圈绘于交流电流回路中，而其接点则绘于直流回路中。

（3）安装接线图：安装接线图是为二次设备的制造、安装或调试、检修而专门绘制的。安装图一般应包括盘面布置图、盘后接线图和端子排接线图等组成部分。

2. 控制方式

牵引变电所和其他供电装置对高压一次电气设备的控制操作，按执行地点不同，可分为就地控制、距离控制和远动控制三种控制方式。

（1）就地控制：即在一次电气设备安装地点进行直接控制，断路器等位置信号也在配电间隔上显示，这种控制方式仅使用于交流 10 kV 及以下电压的电气设备。

（2）距离控制：即在主控制室内对变电所的一次电气设备集中进行控制和监测，开关位置信号、中央信号以及继电保护装置等也都配置在主控室的屏台上，便于监视和管理运行。距离控制按其实现的方法不同分为：一对一的分别控制方式，即一套控制设备只能固定地控制一台断路器；集中选控方式，即一套控制设备可选择控制许多台断路器，一般称为选控。距离控制是目前牵引变电所的主要控制方式。

(3) 远动控制：又称为遥控，即在远离变电所的调度端对变电所（执行端）的电气设备进行控制。已经实现远动化的供电系统，往往是远动控制与距离控制的功能两者都具备。

由于控制、监测和通信技术的发展，变电所自动化水平不断提高和免维护设备的出现，按有无运行人员值班，变电所则可分为有人值班和无人值班两种运行方式，对于有人值班的变电所，一般以距离控制方式为主，对于无人值班（或减员）的变电所，一般则以遥控方式为主。

3. 控制盘

牵引变电所对一次电气设备的控制操作通常采用集中控制的方式。其控制、信号、监测、保护、自动装置等二次设备多集中装在控制室中，在控制室里，配备有各种控制盘，二次电路的各种装置都装设在相应的控制盘上。按用途的不同，控制盘可划分为：

(1) 主控制盘：装设有对一次电路的断路器进行距离控制的开关、按钮、信号灯、电流表、电压表、功率表等，并在盘上绘制出相应的模拟主电路。

(2) 继电保护盘：装设有各种继电保护的电器设备，或者由专门的成套保护屏盘组合而成。

(3) 中央信号盘：装设有变电所中各种事故和预告信号装置设备，如事故电笛、预告警铃、闪光装置、各种信号光字牌以及信号和实验解除按钮等。

(4) 计量盘：装设有各种监测、记录仪表，如功率表、瓦时计等。

(5) 自动、远动装置盘：装设有自动装置与远动装置设备、仪表、信号等，当不能独立成盘时，可与保护装置盘以及有关的控制盘组合在一起。

(6) 自用电盘：装设有所内交、直流自用电系统的控制开关、刀闸、仪表电器等。通常分别设置交流自用电盘与直流自用电盘。

4. 控制盘及其盘面布置原则

控制系统在变电所内，起着中枢神经的重要作用，值班人员根据控制盘上的各种仪器、仪表、信号等的指示来监视、判断变电所电器设备的运行状态，并通过控制电路设备对一次电路设备进行各种控制操作。因此，对控制盘及其盘面布置应满足下述原则：

(1) 盘面上仪表、控制、信号设备与模拟主电路的布置应简单明了，便于进行控制、监视和维护。

(2) 各电器设备之间装设距离应根据正面、背面所占最小位置及布线尺寸确定的标准全面考虑。

(3) 盘面配置应考虑到盘后两侧接线端子的合理安排。

(4) 尽量采用标准盘的布置方式，以满足经济性和可靠性等要求。

二、断路器的控制、信号电路的构成及对其要求

交、直流电力牵引装置中的变压器、线路和整流机组等的投入或切除运行，均采用断路器或直流快速开关（统称高压开关）进行操作。而高压开关的操作由运行人员在远离高压开关几十至几百 m 以外的主控室，用控制开关通过控制回路对高压开关进行操作，操作完后立即由灯光信号反映开关的位置状态。这种用来完成高压开关控制、并发出位置信号的二次回路称为控制、信号回路。

1. 控制、信号回路构成

高压开关控制回路，主要由控制元件、中间放大元件与继电器以及操动机构等几个部分组成，其作用如下：

(1) 控制元件：运行人员用来发出开关跳、合闸操作命令的操作按钮，控制开关等称为控制元件。

(2) 中间放大元件与继电器：其作用是将控制元件的操作命

令转换成高压开关的电磁操作机构所需要的大电流。包括直流接触器和一些中间继电器。

(3) 操动机构：其作用是直接对高压开关进行分、合闸操作。高压开关的操动机构有电磁式、弹簧式和液压式等。

2. 对控制、信号回路的基本要求

高压开关的控制、信号电路，虽然因开关类型、操动机构形式不同，以及对运行的不同要求而有所差异，但其原理是基本相同的。不论电路具体形式如何，均需满足下述基本要求：

(1) 高压开关的合、跳闸回路是按短时通过大电流脉冲来设计的。操作或自动合、跳闸完成后，应迅速自动断开跳、合闸回路以免烧损线圈。为此，在合、跳闸回路中，分别接入断路器的辅助触点（动断和动合触点），以便切断回路，并为下次操作做好准备。

(2) 控制回路应能在控制室由控制开关控制进行手动跳、合闸，又能在自动装置和继电保护作用下自动合闸或跳闸，同时能由远方调度中心发送控制命令进行跳、合闸。

(3) 应具有高压开关位置状态的信号、事故跳闸与自动合闸的闪光信号。后者应由“不对应接线原则”构成，即控制开关的位置与高压开关的实际位置（如已自动跳闸）不一致，使信号回路构成逻辑输出并接通闪光电源而发闪光。

(4) 具有防止断路器多次合、跳闸的“防跳”装置。因断路器手动控制或自动合闸时，如遇永久性故障，继电保护立即使其跳闸。为此，如控制开关未复归或自动装置出口继电器触点被卡住，使合闸回路一直通电，将引起断路器再次合闸继而又跳闸，如此反复即出现“跳跃”现象，导致断路器损坏。为防止此种情况，应在控制回路中设电气防跳措施，或断路器本身设置机械防跳。

(5) 采用液压和气压操动的机构，跳、合闸操作回路中应分别设有液压或气压闭锁，在低于规定标准压力情况下，闭锁操作回路。断路器与隔离开关配合使用时，应有防误操作的闭锁措施。

(6) 对跳、合闸回路及其电源的完好性，应能进行监视。

控制、信号回路的接线方式有多种，按监视方式可分为灯光监视的回路和音响监视的回路，前者适用于一般有人值班的变电所，后者可用于无人值班的变电所和大型变电所。

三、灯光监视的断路器控制、信号回路

灯光监视的断路器控制、信号回路如图 3-20 所示，结合具有电磁式操动机构的断路器，现说明控制回路和信号回路的动作过程。

1. 合闸过程

按手动合闸和自动合闸两种情况，分述如下：

(1) 手动合闸。因合闸之前，断路器为跳闸状态，控制开关处于“跳闸后”位置，此时断路器操动机构中由机械联动的辅助触点 DL_1 闭合，由图 3-20 触点图表可知，此时，控制开关的触点 KK_{2-4}、KK_{10-11}、KK_{14-15}、KK_{18-20}、KK_{22-24}均闭合，经触点 DL_1 及接触器 HC 线圈而使绿灯 LD 回路接通，绿灯发亮，但此时回路的电流不足以使接触器动作。绿灯亮既可表示断路器正处于跳闸位置，又显示控制电源与合闸回路均属完好。如回路有故障，灯便熄灭，这就表明，指示灯能对回路状况进行监视。

在合闸回路完好的情况下，将控制开关手柄由“跳闸后”的水平位置顺时针方向转 90°变为“预备合闸”的垂直位置。此时，触点 KK_{9-10}、KK_{13-14}闭合，而 KK_{10-11}打开，让绿灯回路改接到闪光母线（+）SM 上。此闪光母线上因只有断续电压故使绿灯发出闪光（闪光装置的动作原理，将在后面叙述）。闪光信号能提醒运行人员核对所操作的断路器是否有误。如核对无误后，运行人员可将操作手柄依同一方向旋转 45°至“合闸”位置。此时，触点 KK_{5-8}、KK_{9-12}、KK_{13-16}、KK_{17-19}接通，使接触器 HC 动作。在合闸线圈回路中，当触点 HC 闭合时，合闸线圈 HQ 通电，由操动

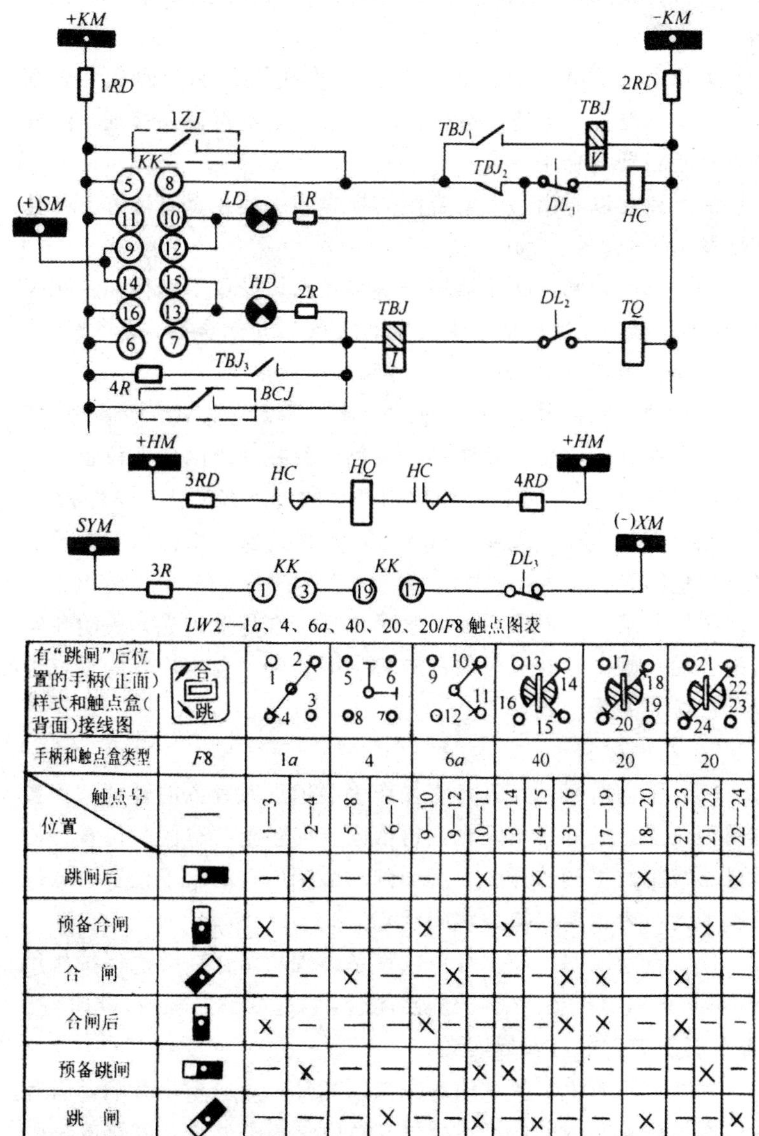

LW2—1a、4、6a、40、20、20/F8 触点图表

有“跳闸”后位置的手柄(正面)样式和触点盒(背面)接线图																
手柄和触点盒类型	F8	1a		4		6a			40			20		20		
触点号 / 位置	—	1—3	2—4	5—8	6—7	9—10	9—12	10—11	13—14	14—15	13—16	17—19	18—20	21—23	21—22	22—24
跳闸后		—	×	—	—	—	—	×	—	×	—	—	×	—	—	×
预备合闸		×	—	—	—	×	—	—	×	—	—	—	—	—	×	—
合　闸		—	—	×	—	—	×	—	—	—	×	×	—	×	—	—
合闸后		×	—	—	—	×	—	—	—	—	×	×	—	×	—	—
预备跳闸		—	×	—	—	—	—	×	×	—	—	—	—	—	×	—
跳　闸		—	—	—	×	—	—	×	—	×	—	—	×	—	—	×

× 表示触点接通　　— 表示触点断开

图 3-20　灯光监视的断路器（带电磁操作机构）控制回路和信号回路

机构执行合闸操作。合闸完毕后，断路器的辅助触点也相继切换，DL_2 变为闭合。

运行人员再将手柄放开，在弹簧作用下，手柄回到“合闸后”的垂直位置。于是，触点 $KK_{13\text{-}16}$闭合，红灯回路接通，红灯亮表示断路器为合闸状态。

由上述可以看出，手动合闸的标志为手柄在垂直位置，而且红灯发出平光。

(2) 自动合闸。断路器原为跳闸状态，操作手柄仍在“跳闸后”的水平位置。当自动合闸装置的触点 $1ZJ$ 闭合后，便将 $KK_{5\text{-}8}$ 短接，使合闸接触器 HC 动作，随即进行合闸。

在自动合闸情况下，信号回路是按“不对应方式”构成的。即断路器处在合闸位置，而控制开关仍保留在“跳闸后”位置，二者呈不对应状态。信号回路经控制开关的触点 $KK_{14\text{-}15}$、红灯 HD、辅助触点 DL_2 与闪光母线（+）SM 形成通路，因而合闸指示灯发出红色闪光。

在控制屏上，操作手柄呈水平位置，红灯发闪光，表明断路器是自动合闸。这时运行人员应将手柄转到“合闸后”的垂直位置，红灯才变为平光。

2. 跳闸过程

(1) 手动跳闸。首先，将操作手柄依反时针方向转到“预备跳闸”位置，红灯发出闪光，再依同方向转至“跳闸”位置，使断路器跳闸。手柄放开后，又回到“跳闸后”的水平位置，绿灯发出平光，表示断路器为跳闸状态。

(2) 自动跳闸。如果线路或设备出现故障，在继电保护作用下，保护出口继电器 BCJ 的触点闭合，引起断路器跳闸，此时，按“不对应方式”绿灯发出闪光。

自动跳闸属于事故性质，除发闪光外，还应发出音响，引起运行人员注意，因此，需送出启动音响信号的脉冲。在事故跳闸前，手柄处于“合闸后”位置，控制开关的触点 $KK_{1\text{-}3}$、$KK_{17\text{-}19}$原是接通的，一旦断路器发生自动跳闸，辅助触点 DL_3 也就闭合，将信号小母线（—）XM 上的负电压经电阻 $3R$ 引至事故音响小母线 SYM 上，然后，起动事故信号装置发出音响。上面提到，在合闸和跳闸过程中，以及自动合闸和自动跳闸后，都会发出闪光。那么，闪光电源是怎样构成的？另外，断路器“防跳”是怎样的？现将它们分述于后。

3. 闪光电源的构成

闪光电源由 DX-3 型闪光继电器以及附加电阻和电容等构成，其接线简单、可靠。闪光电源接线图，如图 3-21 所示。

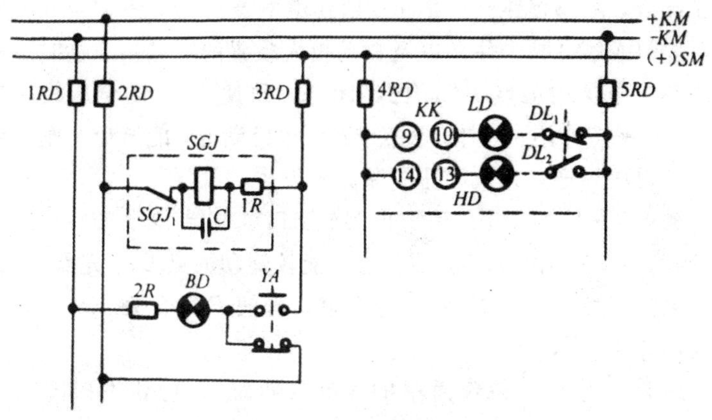

图 3-21　闪光电源接线图

当断路器发生事故跳闸时，控制开关的触点 $KK_{9\text{-}10}$ 与断路器的辅助触点 DL_1 都接通，电容 C 开始充电，其两端的电压逐渐升高，待电压升高至继电器 SGJ 的动作值时，继电器便动作，断开通电回路。此时，电容器经继电器线圈放电，继电器保持在动作位置。当电容器两端电压下降至继电器的返回值时，继电器释放，触点返回原来位置，又接通充电回路使 C 充电。上述循环工序不断重复，继电器触点也时闭时开，闪光母线（+）SM 上便出现断续的正电压，造成绿灯闪光。

“预备合闸”、“预备跳闸”和自动投入时，同样也能起动闪光继电器，使相应的指示灯发出闪光。YA 为试验按钮，按下时，闪光装置动作，信号灯 BD 即发闪光，表示本装置工作正常。

4.“防跳”措施

35 kV 及以上电压的断路器，常采用“电气防跳”。在图 3-20 中，TBJ 为专设的防跳继电器，系 DZB-115 型。此种继电器具有两个线圈，一个是供起动用的电流线圈，接在跳闸回路中；另一个是自保持用的电压线圈，通过本身的常开触点 TBJ_1 接入合闸回路。

当合闸过程中，如恰遇永久性故障，则保护出口继电器触点 BCJ 闭合，断路器跳闸，并起动防跳继电器 TBJ。若控制开关手柄未复归或触点被卡住，以及自动投入装置的触点被卡住时，由于防跳继电器的触点 TBJ_1 已经闭合，致使 TBJ 的电压线圈带电，起自保持作用。另外，触点 TBJ_2 也已断开，能避免合闸接触器 HC 再次导通，也就防止了断路器发生“跳跃”。

触点 TBJ_3 的作用，是防止保护出口继电器 BCJ 的触点被烧坏。因为自动跳闸时，BCJ 的触点可能较辅助触点 DL_2 先断开，以致被电弧烧坏。由于 TBJ_3 与它并联，即使 BCJ 的触点先断，也不会烧坏。

此外，另有一种较简单的“电气防跳”，它利用如图 3-22 (*b*) 所示跳闸线圈的闭锁辅助触点 TQ_1 和 TQ_2 来实现。此种防跳接线图如图 3-22 (*a*) 所示。

如果断路器刚一合闸，立即发生自动跳闸，则跳闸线圈的铁心被吸上，引起闭锁辅助触点 TQ_1 和 TQ_2 互相切换。由图 3-22 可见，触点 TQ_1 断开后，合闸回路便不能通电。同时，触点 TQ_2 变为闭合，使原有合闸回路的脉冲通至跳闸线圈回路。这样，即使控制开关未复归或者触点被卡住，断路器也不致再合闸。但跳闸线圈将会长期带电是其缺点。

图 3-22 中，断路器的辅助触点 DL_1 有时过早断开，不能保证完成合闸所需的时间，因此常用一滑动触点 DL_2 与它并联使用，该滑动触点在合闸过程中是接通的，合闸后即断开，故能使断路

器可靠合闸。

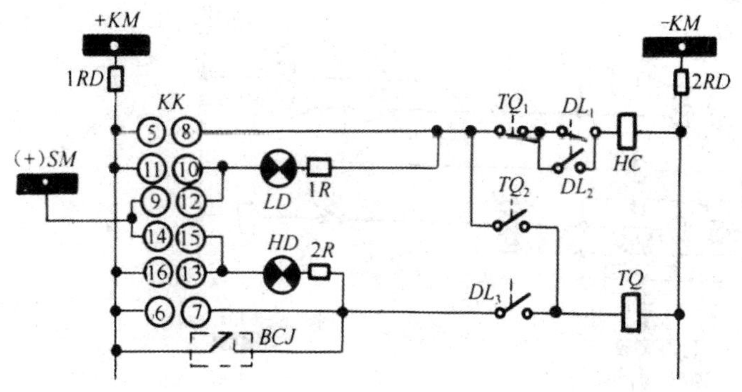

(*a*) 接线图

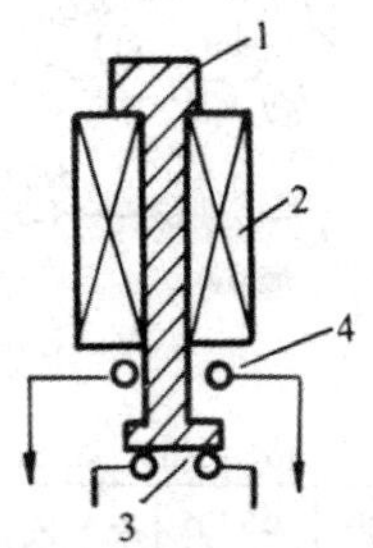

(*b*) 跳闸线圈的闭锁辅助触点

图 3-22 跳闸线圈附有辅助接点的“电气防跳”

1——铁心；2——线圈；3——TQ_1 闭锁辅助触点；4——TQ_2 闭锁辅助触点。

四、音响监视的断路器控制、信号回路

在大型变电所中，被控制的线路、设备较多，仅靠灯光监视，有时不易发现故障。改进的办法是利用音响来监视控制回路，以便及时通知值班人员进行处理。

常用的音响监视控制回路和信号回路如图 3-23 所示。位置信号灯只有一个，附在控制开关的手柄内。另外，尚有两个中间继电器，即合闸位置继电器 *HWJ* 和跳闸位置继电器 *TWJ*，分别代

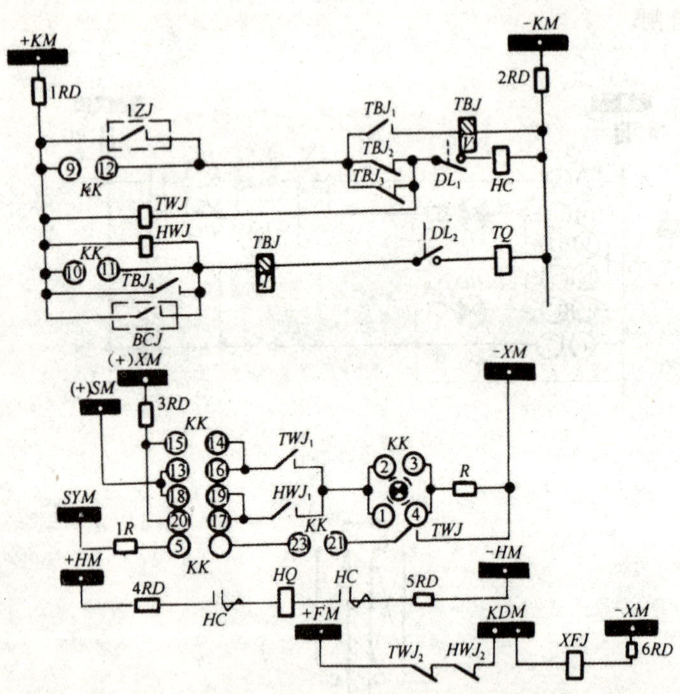

LW2—YZ—1a、4、6a、40、20、20/F1 触点图表

有"跳闸"后位置的手柄(正面)样式和触点盒(背面)接线图	合 跳	1 2 4 3	5 6 8 7		9 10 12 11		13 14 16 15			17 18 20 19			21 22 23 24			25 26 27 28		
手柄和触点盒类型	F1	灯	1a		4		6a			40			20			20		
触点号 / 位置	——	——	5—7	6—8	9—12	10—11	13—14	13—16	14—15	17—18	18—19	17—20	21—23	21—22	22—24	25—27	25—26	26—28
跳闸后			—	×	—	—	—	—	×	—	×	—	—	—	×	—	—	×
预备合闸			×	—	—	—	×	—	—	×	—	—	—	×	—	—	×	—
合　闸			—	—	×	—	—	×	—	—	—	×	×	—	—	×	—	—
合闸后			×	—	—	—	×	—	—	—	—	×	×	—	—	×	—	—
预备跳闸			—	×	—	—	—	—	×	×	—	—	—	×	—	—	×	—
跳　闸			—	—	—	×	—	—	×	—	×	—	—	—	×	—	—	×

图 3-23　音响监视的断路器控制、信号回路

替灯光监视接线图中的红灯和绿灯。由此可见，它是在灯光监视接线基础上发展起来的一种接线，二者有许多相同之处。

1．合闸过程

合闸之前，跳闸位置继电器 TWJ 是接通的，它的触点 TWJ_1 呈闭合状态。

手动合闸时，控制手柄先转到“预备合闸”的垂直位置，它的触点 $KK_{13\text{-}14}$ 和指示灯的触头 $KK_{2\text{-}4}$ 均闭合，但触点 TWJ_1 原已闭合，因而指示灯回路与闪光母线（＋）SM 相通，指示灯发出闪光。手柄再转 45°到“合闸”位置，触点 $KK_{9\text{-}12}$ 接通，作用于合闸接触器去进行合闸。同样，手柄放开后，又回到“合闸后”的垂直位置。手柄内的指示灯由于触点 $KK_{1\text{-}3}$ 和触点 $KK_{20\text{-}17}$ 闭合而发出平光，表示手动合闸已完成，断路器现为合闸状态。

自动合闸就是用自动投入装置的触点 $1ZJ$ 代替控制开关的触点 $KK_{9\text{-}12}$ 来完成合闸操作。与手动合闸不同之处是，控制手柄仍在“跳闸后”的水平位置，手柄内的指示灯发出闪光。

2．跳闸过程

手动跳闸的操作过程与前相仿，不再赘述。但需指出，手动跳闸后，手柄在水平的“跳闸后”位置，而指示灯发平光，表示断路器为手动跳闸。如线路发生故障，由继电保护将断路器跳闸，则控制手柄与断路器的位置互不对应，亦即手柄仍在垂直的“合闸后”位置，故指示灯发闪光，表明断路器已自动跳闸。

3．音响监视

这种控制回路的特点，是用音响来监视回路的完好状态。就是说，如果控制回路的熔断器熔断时，造成合闸位置继电器 HWJ 与跳闸位置继电器 TWJ 的线圈同时断电，它们的触点 HWJ_2、TWJ_2 均闭合，接通断线信号小母线 KDM，起动中央信号，发出音响，提醒运行人员注意。然后，通过“断线”光字牌查找熄灭的指示灯，便可发现故障。

另外，合闸位置继电器 HWJ 和跳闸位置继电器 TWJ 能起到监视操作回路的作用。即合闸位置继电器 HWJ 能监视跳闸回路，而跳闸位置继电器 TWJ 能监视合闸回路。假如断路器现为合闸状态，辅助触点 DL_2 已闭合，只有合闸位置继电器 HWJ 所在的那一回路是接通的，该继电器带电。此时，跳闸位置继电器 TWJ 并未带电，两继电器的常闭触点未同时闭合（触点 TWJ_2 闭合，触点 HWJ_2 断开）。当跳闸回路任何地方断线时，继电器 HWJ 失电，触点 HWJ_2 闭合，于是起动中央信号，发出音响。

此控制回路可按亮屏运行，亦可按暗屏运行。图 3-23 中（+）XM 即为控制亮屏或暗屏运行的小母线，其上加有电压时，指示灯亮，即按亮屏运行；如未加电压，指示灯灭，即按暗屏运行。采用暗屏运行，能使值班环境更加宁静，更适用于无人值班。

五、隔离开关电动控制、信号回路与断路器、隔离开关电动联动控制、信号回路

电动操作的隔离开关的控制、信号回路原理图如图 3-24 所示。

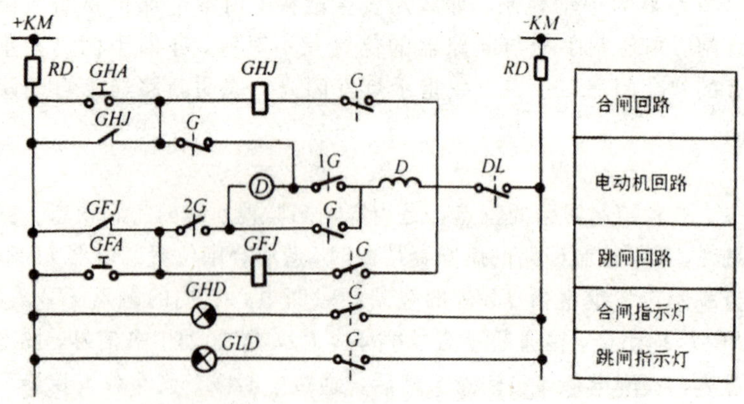

图 3-24　电动隔离开关的控制、信号电路原理图

1. 电路的特点

(1) 其电动操作机构由直流串激电动机 D 带动储能弹簧装置，靠弹簧释放过程的能量驱动隔离开关合、跳闸。

(2) 合、分闸操作电动机的转向相反，由隔离开关的联动辅助正、反接（触）点来改变电动机转子绕组的受电极性和电动机的转向。

(3) 合、分闸的控制操作由合闸按钮 GHA 或分闸按钮 GFA 使相应的合闸继电器 GHJ 或分闸继电器 GFJ 受电动作并保持，以实现对直流串激电动机的供电。

(4) 合、分闸操作过程完毕后，依靠隔离开关的联动辅助触点 G 的转换，自动切断电动机的受电回路。

(5) 隔离开关与断路器的状态联锁，由断路器的位置联动辅助反接点 DL 串接入隔离开关的控制电路中构成。断路器处于分闸状态时，该联动辅助反接点 DL 闭合，这时允许对隔离开关进行合、分闸操作。若断路器处于合闸状态时，则隔离开关的控制电路被该联动辅助反接点的开断而闭锁了。

(6) 隔离开关的合、分闸状态，分别由红、绿色两只信号灯 GHD、GLD 显示。信号灯的受电回路由隔离开关位置联动辅助正、反接点 G 的相应闭合来接通。

2. 隔离开关的操作控制过程

(1) 当合闸操作时，隔离开关处在分闸状态，按动合闸按钮 GHA，若断路器处于分闸状态，则：$+KM$ 经 GHA、GHJ 线圈、G 辅助反接点和 DL 辅助反接点至 $-KM$ 电路接通。

故隔离开关的合闸继电器 GHJ 受电动作，其正接点闭合，将合闸按钮 GHA 的接点旁路，并实现本身的自保持动作。此后即使 GHA 接点返回仍将有：$+KM$ 经 GHJ 接点、G 辅助反接点、电动机 D 转子绕组、G 辅助反接点、电动机 D 激磁绕组、DL 辅助反接点至 $-KM$ 电路保持接通。

这时直流串激电动机受电旋转，首先牵引弹簧储能，然后引导储能弹簧释放能量推动隔离开关动作合闸。当合闸操作完成后，其联动辅助反接点由原闭合转换为开断，其联动辅助正接点由原开断转换为闭合。这时操作直流电动机的受电通路被上述联动反接点 G 的开断而自动断路失电。同时由于上述联动正接点 G 闭合，将合闸位置信号灯 GHD 的电源回路接通而发光，显示隔离开关运行于合闸状态。

(2) 分闸操作时的电路工作过程与上述类似。但应注意的是，分闸时隔离开关的两对联动分闸正接点 $1G$、$2G$ 闭合，使直流串激电动机受电回路接通，而其激磁绕组的受电极性未变，仅电动机转子绕组的受电极性改变，故该电动机转动方向与合闸时相反，分闸动作过程完成后，操作电动机自动断电，分闸位置信号灯 GLD 受电显示。

通常还可以采取使断路器与相应的隔离开关联动操作控制，这时两者的控制电路应能保证自动实现正确的操作程序，亦即：合闸操作时应先操作隔离开关合闸，然后再操作断路器的合闸；而分闸操作时应先操作断路器分闸，然后再操作隔离开关的分闸。这种联动操作控制的电路原理图如图 3-25 所示。

图 3-25 中 $1WK$ 为合、分闸控制开关，$2WK$ 为实现联动操作控制或分别操作控制的转换开关。由图可见，当联动操作控制合闸时，由于在断路器合闸回路中串入了隔离开关位置继电器 GWJ 的正接点，所以只有在隔离开关合闸完毕，GWJ 受电动作其正接点闭合后，才能连通断路器的合闸电路。这就保证了先合隔离开关，再闭合断路器的合闸程序要求。当联动操作分闸时，由于断路器的分闸动作时限远较隔离开关电动分闸过程时限为短，故无需采取附加措施已能保障分闸操作程序的要求。

应该指出，因系统故障，保护动作导致断路器分闸时，不应使联动隔离开关随之分闸。为此，在操作分闸与保护分闸电路间串以二极管 $1D$ 加以隔离，故当保护动作使断路器分闸时不会引起隔离开关相继分闸。

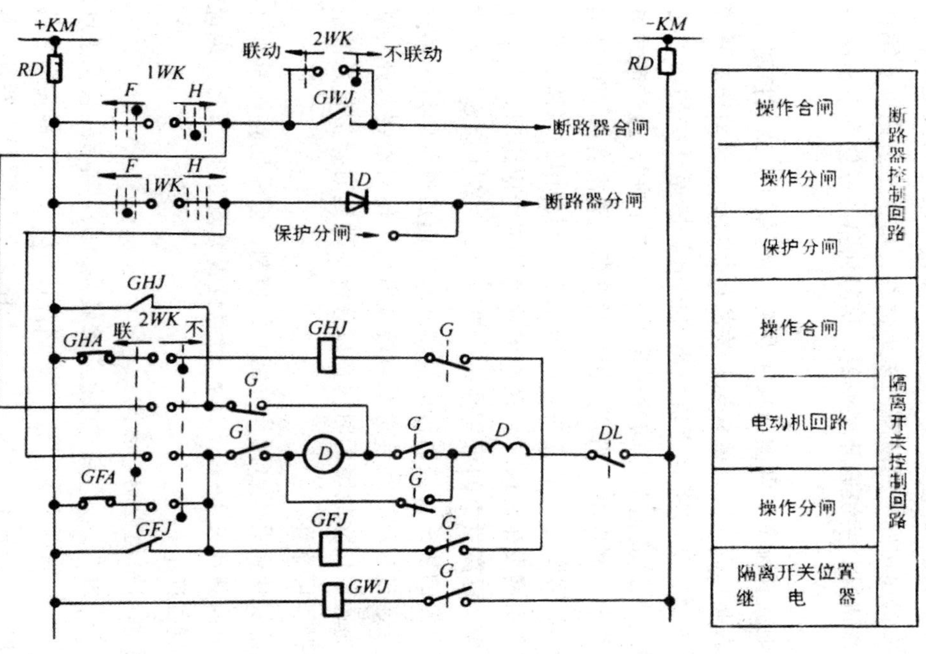

图 3-25 断路器与隔离开关的联动控制电路原理图

六、直流快速开关控制、信号回路

直流牵引供电系统中，需采用直流快速开关进行整流机组直流电源侧和直流馈线等的正常跳、合闸操作，同时它又是配合继电保护作为快速切除短路故障的保护措施。由于直流供电系统存在某些特殊情况，使快速开关控制、信号回路的联锁和逻辑关系较为复杂。

现以地铁直流牵引网馈线快速开关为例，概括介绍其控制、信号回路。为此，应先对馈线快速开关的运行状况及其动作的联锁关系有所了解。通常将整流机组出线的电源快速开关称为“总闸”，而每个回路直流馈线的快速开关称为“分闸”，通过馈线对双边供电的牵引网供电。当“总闸”跳开后，要求各分闸也必须跳开（形成对侧变电所单边供电），称为总闸与分闸的联跳。当直流馈线或牵引网发生故障时，两端的快速开关均应跳闸。为了加速切除故障，提高供电的可靠性，一般还设有“双边联跳”，即当靠近故障点侧的快速开关因过电流脱扣作用而加速跳闸后，随即将跳闸信号通过联跳导线传送至对端变电所，使对端快速开关立即跳闸，加速了切除故障的时间，以弥补对端延时保护带来的缺陷，并增强了可靠性。

直流馈线快速开关（用作分闸）的控制、信号回路如图 3-26 所示，图中控制开关 1*KK*、2*KK* 触点位置见图 3-20 下部。现说明其动作过程如下：

1. 手动（距离控制）合闸

图中 *ZK* 为“手动”与“遥控”的转换开关，当 *ZK* 扳至手动位置时，*ZK* 的触点 5-6、7-8、13-14、17-18、19-20 都是接通的（*ZK* 在“遥控”位置时，只有 5-6、17-18、19-20 等触点断开，其余全闭合）。手动合闸时，转动控制开关 1*KK*（或 2*KK*，装在直流开关柜上）至“合”位，此时正电源＋*KM* 经 $ZK_{5\text{-}6}$、$1KK_{5\text{-}8}$、*HJ* 常闭触点使合闸接触器 *HC* 受电，*HC* 触点闭合，合闸线圈 *HQ* 受电（图中未画出），使快速开关 *DS* 合闸，*HJ* 即受电。带自保持

的中间继电器 HJ 的作用，是当手动合闸到故障线路，而 $1KK$ 又在“合”位时间较长时，由常闭触点 HJ 将 HC 回路切断，避免造成 DS 多次重合（跳跃现象）。

$1KK$ 转至“合”位时，使 $1LD$ 闪光，操作人员借以确认控制的对象是否正确，以决定下一步的操作。合闸后，切断了 LD 的平光及闪光电源，而使 $1HD$、$2HD$ 发平光（$2HD$、$2LD$ 均装在直流开关柜上）。

快速开关合闸后，其常闭辅助触点 DS 打开，使电磁锁 $1DCS$、$2DCS$ 断电，开关柜的门便不能打开，以确保人员的安全。

2．手动跳闸

操作 $1KK$ 至“分”位时，使跳闸线圈 TQ 经 $ZK_{17\text{-}18}$、$1KK_{6\text{-}7}$、DS 常开辅助触点（合闸后是闭合的）而受电，快速开关跳闸。

$1KK$ 在“分”位时，$1HD$ 闪光，DS 跳闸后，切断了 HD 的平光及闪光电源，使 $1LD$、$2LD$ 电源接通而发平光。DS 分闸后，电磁锁 $1DCS$、$2DCS$ 受电，开关柜的门便能打开。

3．直流馈线保护动作跳闸

直流馈线保护（过电流保护、I 增量电流保护）动作，使保护出口继电器 CKJ 受电，其常开触点闭合，并通过电流线圈自保持，使 TQ 受电，快速开关跳闸。

4．总闸联跳

总闸跳闸后，使联跳继电器 $6ZJ$ 断电，其常闭触点闭合，使跳闸线圈 TQ 受电，快速开关跳闸。

5．被对端联跳

双边供电时，对端快速开关因过流而脱扣跳闸，对端出现开关状态（或称位置）与控制键状态（位置）不对应现象，使对端继电器 $2ZJ$ 受电，故引至本端的 $2ZJ$ 常开触点闭合。因为对端联跳继电器 $3ZJ$ 的受电回路被本端的 $2ZJ$ 常开触点切断，故前者不会受电，引至本端的 $3ZJ$ 常闭触点处于闭合状态（虚线框为对端引来的触点）。此时，本端 $3ZJ$ 的受电回路接通（$+KM$、$ZK_{19\text{-}20}$、$1KK_{1\text{-}3}$、$1KK_{17\text{-}19}$、$2KK_{1\text{-}3}$、$7ZJ$、$2ZJ$、$3ZJ$、$7ZJ$ 触点、$3ZJ$ 线

+KM
-KM
1RD
2RD
小母线熔断器
合闸回路
ZCH
加速重合
电磁锁
跳闸信号
合闸信号
跳闸回路
总闸联跳
出口
过流
联跳
ΔI
紧急
1KK
2KK
ZK
HJ
HC
DS
5ZJ
3ZJ
1ZJ
2ZJ
6XJ
7LP
1DCS
2DCS
2LD
1LD
(+)SM
1HD
2HD
TQ
CKJ
5XJ
5LP
6ZJ
6LP
2SJ
1XJ
1LP
2XJ
2LP
3XJ
3LP
4XJ
4LP

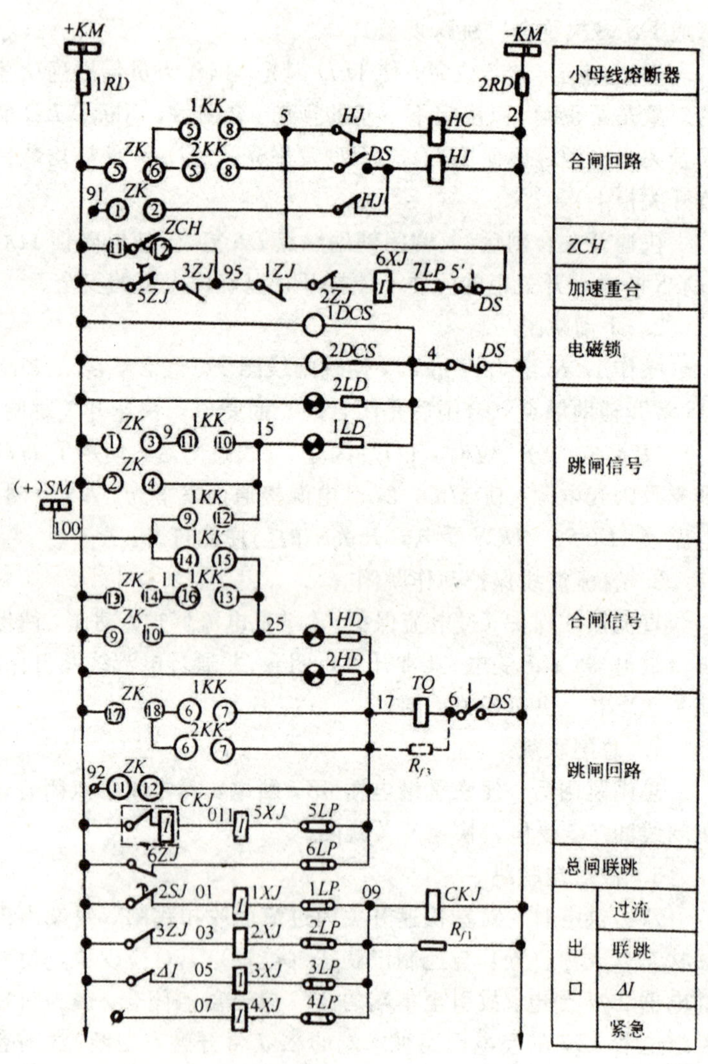

图 3-26　直流馈线快速

ZCH
闭
锁
位置不对应
联
被联跳
去联跳
跳
解除
ZCH 锁闭
加速重合
总闸联跳
辅助
过流
计数器
接地合闸
对端引来
DS
1ZJ
2KK
1SJ
ΔI
ZK
1KK
2ZJ
4ZJ
3ZJ
7ZJ
ZCH
8LP
9LP
10LP
11LP
1ZCH
5ZJ
FM
6ZJ
DG
8ZJ
LJ
2SJ
HJ
JSJ
JDK
JLD

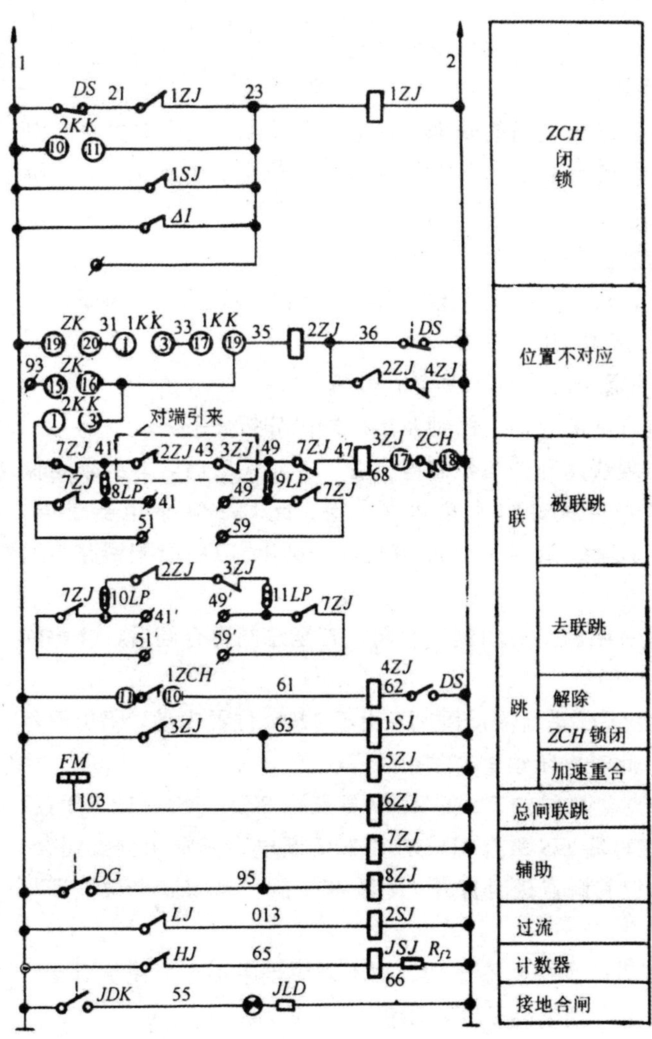

开关的控制、信号回路图

圈、ZCH 触点至−KM)，3ZJ 触点闭合，使 CKJ 受电，DS 被联跳。

6. 去联跳对端 DS

动作过程与被对端联跳完全类似。

7. 紧急跳闸

为了保障城市交通的安全，在地铁通道中一般设有紧急断电按钮，按此按钮使 4XJ 和保护出口继电器受电，快速开关立即跳闸。

8. 遥控跳、合闸

将 ZK 转换开关扳至“遥控”位置，用遥控跳、合闸命令代替 1KK、2KK 的功能。

9. 自动重合闸（ZCH）动作分析

自动重合闸的起动、闭锁及工作情况分析如下：

(1) 出现快速开关与控制键位置“不对应”时，即必须是保护动作使快速开关分闸才起动重合闸。此时 2ZJ 继电器受电，ZCH 的 11-12 触点闭合（ZCH 继电器未画出），DS 合闸回路接通而重合闸。

(2) 被总闸联跳后闭锁重合闸，直至总闸再合闸后，才解除闭锁。

(3) 用 2KK 进行手动跳闸，由于 1KK 位置未动，仍出现不对应现象，此时应闭锁重合闸。

(4) 被对端联跳的 DS 的 ZCH 回路由 3ZJ、1SJ、1ZJ 闭锁。

(5) 待对端 DS 重合闸成功后 3ZJ 断电，其常闭触点闭合；5ZJ 断电，但其触点延时打开（慢释放），故一旦 3ZJ 断电立即加速进行重合闸。

(6) 若对端重合闸不成功，则不对应现象存在，使被对端联跳的 DS 的重合闸电路一直被闭锁。

馈线分闸快速开关的二次接线，除以上分析的各种情况外，还包括备用分闸 DG 的控制和信号电路，以及各种保护、自动重合闸的动作信号等等，其原理与交流断路器类似。

七、中央信号系统

1. 中央信号系统概述

牵引变电所主控制室中的中央信号装置，用于集中监视变电所中电气设备的运行状况，便于值班人员及时了解和处理故障及各种异常情况。

中央信号装置通常由事故信号装置和预告信号装置两部分组成。事故一般指主电路系统发生短路故障，继电保护动作并导致有关断路器跳闸。在切除短路故障部分的同时，造成该部分主电路系统的停电，这是事故区别于一般故障的主要特征。事故信号装置通常包括事故音响与事故闪光信号两部分。预告信号则包括除上述事故以外的一、二次电气设备的故障与不正常运行状态，即所有非正常运行状态均应给出预告信号。事故音响信号和全部预告信号都安装在公用的中央信号盘上。

2. 中央信号装置的功能与要求

（1）事故信号装置功能。所内所有断路器事故跳闸后，应能立即发出音响信号（如蜂鸣器音响），并应使该断路器的位置状态信号灯（绿色信号灯 *LD*）发出闪光。

（2）预告信号装置功能。当电气设备、装置发生故障或各种不正常的运行状态时，应能发出区别于上述事故音响的另一种音响信号（如警铃音响），并使相应具体设备监视异常状态的有关光字牌亮灯。

（3）事故信号、预告信号装置都应能进行装置功能状态良好与否的试验，以便经常检查。

（4）事故、预告信号音响都应能手动或自动复归。表明故障或不正常运行状态性质的光字牌显示，则应保留至事故消除、恢复正常运行以后，方允许自动或手动复归。

传统中央信号装置由电磁型器件、晶体管电路和集成电路等构成，随着计算机技术的发展，变电所的微机监控系统已能完成其功能。微机监控综合自动化系统则将在第六章专门讲述。对电磁型中央信号装置就不作介绍了。

第四章 牵 引 网

第一节 概 述

一、牵引网与接触网

牵引网是包括了接触网、钢轨回路（包括大地）、馈电线和回流线的一个大的范畴，它是轨道交通供电系统中向电动车组供电的直接环节。

接触网是一种悬挂在轨道上方沿轨道敷设的、和铁路轨顶保持一定距离的输电网。通过电动车组的受电弓（或受流器）和接触网的滑动接触，牵引电能就由接触网进入电动车组，驱动牵引电动机使列车运行。

馈电线是连接牵引变电所和接触网的导线，它把经牵引变电所变换成合乎牵引制式用的电能馈送给接触网。

轨道在非电牵引情形下只作为列车的导轨。在电力牵引时，轨道除仍具有导轨功能外，还需要完成导通回流的任务，因此，电力牵引的轨道，还需要具有畅通导电的性能。

回流线是连接轨道和牵引变电所的导线，通过回流线把轨道中的回路电流导入牵引变电所。

接触网占牵引网的绝大部分，因而在牵引网的讨论中，主要是针对接触网而言的。

二、接触网的工作特点

1. 没有备用

牵引负荷是重要的一级负荷，向牵引变电所供电的电源线均设置两个回路，牵引变电所内主变压器及其他重要设备也在设计中考虑了备用措施，一旦主电源、主要设备故障时，备用电源、备用设备可及时（自动）投入运行，以保证对接触网的不间断供电。接触网由于与电动车组在空间上的关系，和轨道一样无法采取备用措施。所以，一旦接触网故障，整个供电区间即全部停电，在其间运行的电动车组失去电能供应，列车停运。

2. 经常处在动态运行状态中

和一般的电力线路只在两点间固定传输电能的作用不同，在接触网下沿线有许多电动车组高速运动取流。电动车组受电弓（或受流器）以对接触网一定的压力和速度与接触网接触摩擦运行，通过接触网的电流很大。运行中不可避免地会产生受电弓离线而引起电弧，再加上在露天区段还要承受风、雾、雨、雪及大气污染的作用，使接触网昼夜不停地处在振动、摩擦、电弧、污染、伸缩的动态运行状态之中。这些因素对接触网各种线索、零件都产生恶劣影响，使其发生故障的可能性较一般电力线路的概率要大得多。

3. 结构复杂，技术要求高

接触网的运行环境和运行特点决定了接触网的结构较一般电力线路有很大的不同，为了保证电动车组安全、可靠、质量良好地从接触网取流，接触网的结构比较复杂，技术要求也较高，如对接触网导线的高度、拉力值、定位器的坡度，接触网的弹性、均匀度等都有定量的要求。

三、对接触网的基本要求

接触网的工作状态主要是指接触线和电动车组受电弓（或受流器）滑板的接触和导电情况。从电路要求上，为保证良好的导电状况，滑板与接触线的接触应保持一定的接触压力。在电动车组静止时，接触压力可以保持不变。当电动车组运行时，滑板跟着运动，与接触网形成滑动摩擦接触。这时，如能继续保持一定的接触压力，不间断地向电动车组供电，接触网才处于良好的工作状态。

实际上，上述要求是不容易做到的。由于电动车组的振动和接触线高度变化等因素，往往造成滑板和接触线间的压力变化很大，有时甚至产生脱离现象，致使滑板和接触线之间的脱离处发生电弧。如果接触线本身不平直而出现小弯或是悬挂零件不符合要求超出接触面时，滑板滑到此处将发生严重碰撞或电弧，这是很不利的工作状态。这种情况叫接触线有硬点。因为碰撞和电弧会造成接触网和受电弓的机械损伤和烧伤，严重者将造成断线事故，而且取流不良对电动车组上的电机和电器产生不利的影响，所以应该尽量避免。因此，为了尽量保证对电动车组良好的供电，对接触网有一些基本的要求。

1. 接触网悬挂应弹性均匀、高度一致，在高速行车和恶劣的气象条件下，能保证正常取流。

2. 接触网结构应力求简单，并保证在施工和运营检修方面具有充分的可靠性和灵活性。

3. 接触网的寿命应尽量长，具有足够的耐磨性和抗腐蚀能力。

4. 接触网的建设应注意节约有色金属及其他贵重材料，以降低成本。

四、接触网的分类

接触网分为架空式接触网和接触轨式接触网。架空式接触网用于城市地面或地下、铁路干线、工矿的电力牵引线路。接触轨式接触网一般仅用于净空受限的地下电力牵引。我国在地铁轨道系统中，架空式和接触轨式的接触网均有采用。一般，牵引网电压等级较高时，为了安全和保证一定的绝缘距离，宜采用架空式接触网。在净空受限的线路和电压等级较低时多采用接触轨式接触网。我国北京地铁采用的是接触轨式接触网，上海和广州地铁均采用了架空式接触网。

五、接触网的供电方式

牵引变电所是沿铁路线布置的，每一个牵引变电所有一定的供电范围。供电距离过长，会使末端电压过低及电能损耗过大；供电距离过短，又使变电所数目太多而不经济。

牵引变电所向接触网供电有两种方式：单边供电和双边供电，如图 4-1 所示。

接触网通常在相邻两牵引变电所间的中央断开，将两牵引变电所之间两供电臂的接触网分为两个供电分区。每一供电分区的接触网只从一端的牵引变电所获得电流，称为单边供电。

如果在中央断开处设置开关设备时，可将两供电分区连通，此处称为分区亭。将分区亭的断路器闭合，则相邻牵引变电所间的两个接触网供电分区均可同时从两个变电所获得电流，则称为双边供电。

图 4-1　接触网供电原理图

六、接触网的电分段

电分段是在纵向或横向将接触网从电气连接上互相分开的装置。为了使接触网的供电具有安全、可靠和灵活性，接触网在区间和车站之间、车辆段和区间之间以及一些特殊线路的始端，如电动车组上部设备检查线、试车段等，通常加设电分段。

电分段根据设置位置分为纵向电分段和横向电分段两种方式。纵向电分段指的是沿线路方向进行分段。横向电分段是在线路之间的分段，如在车辆段的各股道之间进行的分段等。

在电分段处设隔离开关。需要分段时，将隔离开关打开，不需要分段时将隔离开关闭合。

电分段通常用分段绝缘器来实现。分段绝缘器是用以实现电分段的专用绝缘装置。目前，广泛采用环氧树脂分段绝缘器，其结构主要由环氧树脂绝缘板、铝合金导流滑板等部件组成。

七、架空式接触网的机械分段

从供电的角度上，接触网要有电分段，而接触网在机械结构上也需要进行分段，这就是接触网的机械分段。在分析接触网的机械分段之前，首先介绍架空式接触网的跨距和弛度的概念。

(一) 架空式接触悬挂的跨距、弛度和张力的概念

1. 跨距

架空式接触网的接触悬挂是通过沿铁路线布置的支柱或固定装置悬挂于铁道的上空，支柱与支柱(或固定装置与固定装置)之间的水平距离称为跨距。在电力工程中，跨距又称为档距。

2. 弛度

取一个跨距最简单的情况进行分析，接触线只悬挂于两支柱上。由于接触线本身的重量影响，在跨距内接触线不能保持在悬挂点水平连线上而形成悬弧形状，接触线在跨距中央位置与悬挂点水平连线的距离称为弛度。

当两悬挂点不在同一水平线上时，接触线的弛度为悬弧最低点分别至两个悬挂点的垂直距离。

3. 接触线的张力

接触线所受的拉力称为张力。

(二) 架空式接触网的机械分段

架空式接触网的机械分段是以锚段进行划分的。

1. 锚段

接触网的架设，经过多个跨距以后必须在两个终端加以固定，称为下锚。下锚的支柱称为锚柱。锚段是将接触网沿线分成一定长度，并在结构上有独立机械稳定性的分段，采用它可以缩小发生事故时的范围并便于检修。

2. 锚段关节

一个锚段和另一个锚段相衔接的接触网悬挂结构称为锚段关节。在锚段关节，两个锚段的接触导线有一段是平行的，且有一段（或一点）等高，要求当电动车组运行时，能使受电弓从一个

锚段平滑地过渡到另一个锚段。

3. 工作支和非工作支

在锚段关节的转换支柱处，同时有两组接触悬挂互相转换，其中由下锚转为工作状态的接触悬挂称为工作支，由工作状态转为下锚的接触悬挂称为非工作支。即：在锚段关节内，接触线和承力索有重叠的两支，与电动车组受电弓工作接触的称为工作支，脱离工作接触以升高下锚的称为非工作支。

虽然从机械受力和供电分段的要求上，需要设置锚段关节，但毕竟在关节处接触悬挂的弹性较差，结构复杂，调整维修麻烦，所以在接触网平面布置中应尽量多用大锚段，减少锚段关节数目以利于电动车组运行。

为防止锚段两端负荷失去平衡而向一端滑动和缩小事故范围，在锚段中心对接触线进行固定，这种悬挂结构称为中心锚结。

中心锚结一般设在锚段中部，是用钢绞线及线夹将接触线（全补偿链形悬挂时包括承力索）固定于锚段中部的结构。中心锚结的作用有两个：

（1）当半个锚段发生故障（如断线）时，不会涉及另半个锚段，缩小了事故范围，便于迅速抢修；

（2）防止接触悬挂因摩擦力不均匀等因素影响，而在坠砣的作用下线索向一边移动，导致吊弦和定位器过分偏斜。

第二节　架空式接触网的组成与结构

架空式接触网由接触悬挂、支持装置、支柱与基础几大部分组成。接触悬挂是将电能传导给电动车组的供电设备。支持装置用来支持悬挂，并将悬挂的负荷传递给支柱或固定装置的。支柱与基础用以承受接触悬挂和支持装置所传递的负荷（包括自身重量），并将接触线悬挂固定在一定的高度。

一、接触悬挂的种类

接触悬挂包括承力索、接触线、吊弦、定位器、补偿装置、悬挂零件及中心锚结等元件。

接触悬挂的类型很多，概括起来可分为简单悬挂和链形悬挂两类。

（一）简单悬挂

简单接触悬挂，是由一根或几根相互平行的直接固定到支持装置上的接触线所组成的悬挂，如图 4-2 所示。

简单接触悬挂一般用于车速较低的线路上。

简单悬挂的悬挂方式比较简单，支持装置和支柱所承受的负荷较轻，支柱高度要求较低，因而建造费用比较经济，施工方便和维修简单。其缺点是弛度大，弹性不均匀，不利于电动车组高速运行时对取流的要求。

弹性不均匀会造成由于受电弓上下追随速度和电动车组运行速度不协调而发生离线和冲击现象，可以从图 4-2 中看出。当受电弓由 a 点移至 b 点时，可能因为车速大而弓线脱离，发生电弧，并且，由于对 b 点的局部冲击而增加接触线局部的机械磨耗和损伤。因此，简单悬挂最大车速不宜超过 40 km/h。

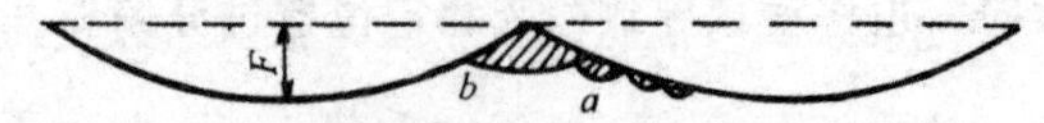

图 4-2　简单接触悬挂及离线和冲击示意图

为了改善上述状况，在一些国家的干线上大量采用了带弹性吊索的简单悬挂，称为弹性简单接触悬挂（又叫简化接触网）。

弹性简单接触悬挂在悬挂点处加了一个弹性吊索，如图 4-3 (a)、(b) 所示。

弹性简单接触悬挂，相应地改善了悬挂点处的弹性和运行状态。

弹性简单接触悬挂具有结构简单、支柱高度低、支柱负荷小、建造费用低及施工维修方便等优点，而电动车组的运行速度却有所提高。

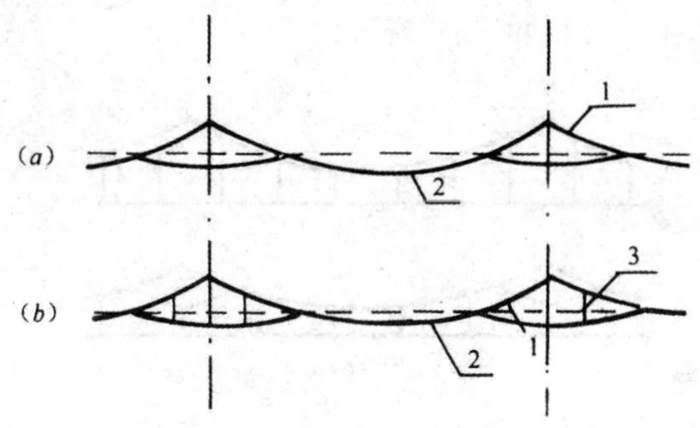

图 4-3　弹性简单接触悬挂

1——弹性吊索；2——接触线；3——短吊弦。

（二）链形悬挂

接触线通过吊弦（或辅助索）而悬挂到承力索上的悬挂称为链形悬挂。链形悬挂可以在某一温度下，使接触线处于无弛度状态。

链形悬挂承力索悬挂于支柱的支持装置上，接触线通过吊弦悬挂在承力索上，使接触线在不增加支柱情况下，增加了悬挂点，调节吊弦可以使跨距内各吊弦处接触线尽量与支柱悬挂点处接触线对钢轨面高度保持一致。这样，在整个跨距内，可使接触线至轨面保持相等的高度。这种悬挂由于接触线是悬挂到承力索上的，因而基本上消除了悬挂点处的硬点，使接触悬挂的弹性在整个跨距内都比较均匀。

链形悬挂比简单悬挂的性能好，但也带来了结构复杂、投资大、施工和维修调整较为困难等问题。

链形悬挂的类型很多，可以按悬挂链数、线索拉紧方法、支柱吊弦形式和线索相对位置等特征进行分类。

1. 按悬挂的链数划分

可分为单链形悬挂、双链形悬挂和多链形悬挂。

(1) 单链形接触悬挂

这种悬挂的特点是接触线借助于吊弦悬挂在承力索上。根据悬挂点处吊弦形式的不同，又分为简单链形悬挂和弹性链形悬挂两种，如图 4-4（*a*）和（*b*）所示。

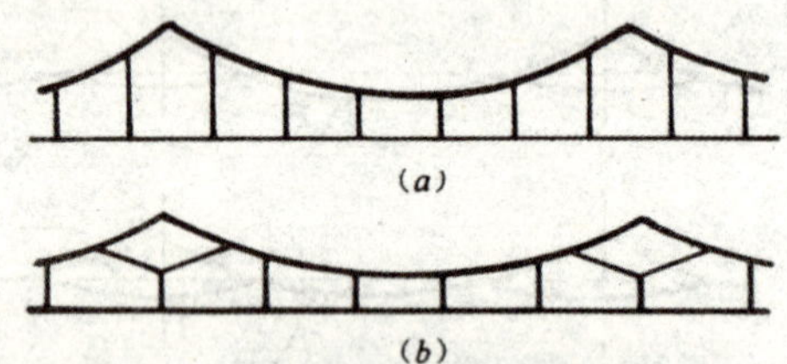

图 4-4　单链形接触悬挂

（*a*）简单链形悬挂；（*b*）弹性链形悬挂。

弹性链形悬挂使支柱处接触线的弹性得到改善，并使整个跨距的弹性更趋均匀。

（2）双链形接触悬挂

由接触线、承力索及一根辅助索组成的悬挂称为双链形接触悬挂，如图 4-5 所示。双链形接触悬挂由于多了一根辅助导线，其弹性更加趋于均匀。

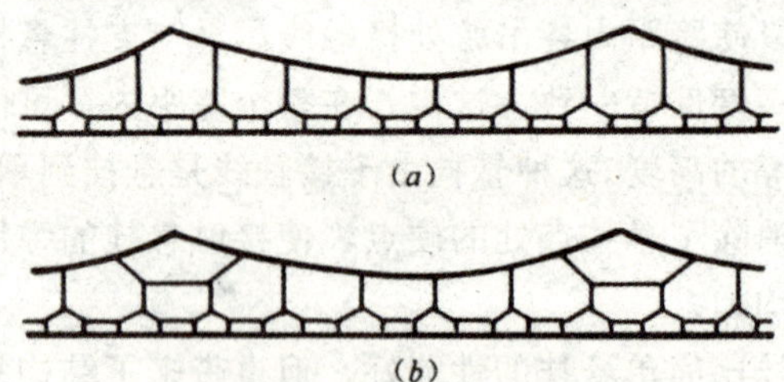

图 4-5　双链形接触悬挂

（*a*）简单双链形悬挂；（*b*）弹性双链形悬挂。

（3）多链形接触悬挂

多链形悬挂由接触线、承力索及两条或两条以上的辅助索组成。三链形悬挂示意图如图 4-6 所示。因多链形悬挂的结构复杂，安装和维修比较困难，实用意义较小。

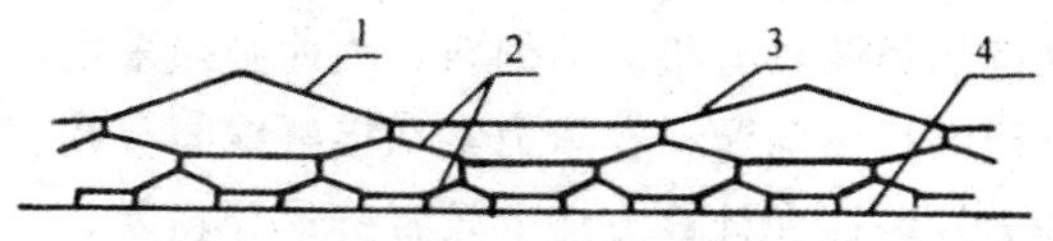

图 4-6　三链形悬挂

1——承力索；2——辅助索；3——吊弦；4——接触线。

2. 按线索相对于线路中心的位置分

（1）直链形接触悬挂

接触线和承力索在平面上的投影重合，线索既可以沿线路中心布置，也可以布置成“之”字形，以利于受流器滑板的均匀磨损，如图 4-7 所示。“之”字形既可以每隔一个悬挂点形成一个，也可以每隔几个悬挂点布置成一个循环。在曲线区段上，直链形接触悬挂的投影成折线形状。

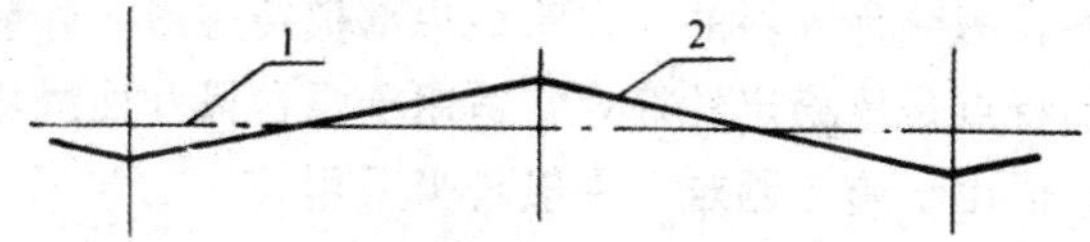

图 4-7　直线区段上的直链形悬挂

1——线路中心；2——悬挂。

（2）半斜链形接触悬挂

承力索沿线路中心布置，接触线成“之”字形布置，这种悬挂称为半斜链形悬挂，如图 4-8 所示。这种形式吊弦的横向偏斜不大，对接触线的固定构件和机械计算方法均不必特别考虑。但是，它与直链形接触悬挂相比，不仅有较好的稳定性，而且施工更为方便。只需要接触线按标准要求定位，承力索沿线路中心布置就可以了。因此，我国和不少国家都采用这种悬挂形式。

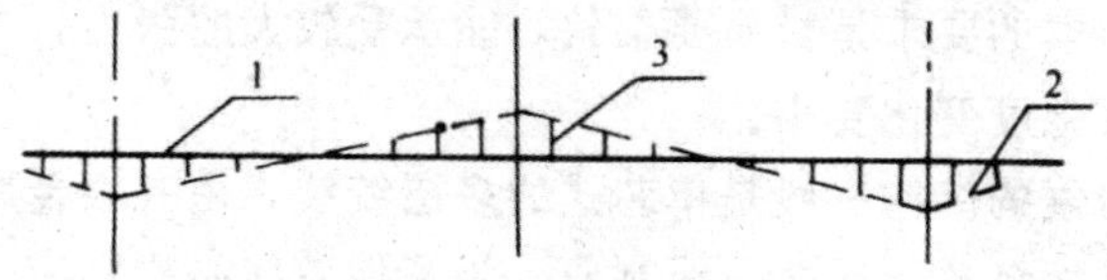

图 4-8　直线区段上的半斜链形悬挂

1——承力索；2——接触线；3——吊弦。

(3) 斜链形接触悬挂

这种悬挂的吊弦具有很大的偏斜，因而必须采用特殊的办法来解决接触线的扭曲问题。在承力索和接触线间存在有较为明显的横向水平力，因而在计算方法上较直链形悬挂复杂。在直线区段上斜链形悬挂如图 4-9 所示。接触线和承力索依次在悬挂点固定于线路两侧。

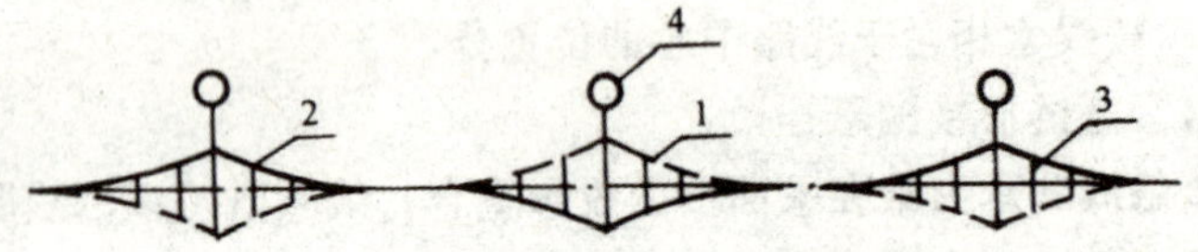

图 4-9 直线区段上的斜链形悬挂

1——接触线；2——承力索；3——吊弦；4——支柱。

在曲线区段上的斜链形悬挂其承力索对接触线有一个相当大的外侧位移，吊弦是倾斜的，在跨距中部把接触线向外侧拉。斜链形悬挂的特点是风稳定性好，它适用于强台风和曲线比较多的地面区段。但由于施工困难，一般较少采用。

以上各种悬挂方式的适用速度范围各不相同，各种改善型的简单接触悬挂其应用速度可达 70～80 km/h，而弹性支柱吊弦的各种单链形悬挂，其应用速度可达 100 km/h 以上，对城市轨道交通而言，因其运行速度并不太高，列车功率也不太大，一般多采用单链形悬挂。

二、接触悬挂的导线结构与类型

1. 承力索

承力索不与电动车组直接接触，但要承受接触线的重力，因而对承力索的要求是材质要柔软，能承受较大的张力，并且在温度变化时弛度变化要小。

承力索的结构一般是单芯式的多层绞线，由一根金属线在中心，其外面绕若干层金属线制成。为了使绞线结构紧密，每一层绕的方向都和前一层绕的方向相反。这样，在受外力，特别是扭力时各层不致松开。为适合一般操作习惯，最外一层向右绕。

承力索按材质分主要有铜和钢两大类。

铜承力索与钢承力索相比，导电性能好，可以降低接触网压损和能耗，抗腐蚀性能高，适合于环境潮湿、污染及腐蚀严重的地区使用。但铜承力索与钢承力索相比，其机械强度不高、不能承受较大的张力、温度变化时弛度变化也大。

由于地铁供电在压损、能耗和抗腐蚀等方面的要求较高，铜承力索采用较多。铜承力索的规格和性能如表 4-1 所示。符号 TJ 的意义表示铜绞线，后面的数字表示截面积。

表 4-1　铜承力索规格表

型号 标准制造长度 m	截面积 mm^2	股数和单位直径 mm	计算直径 mm	有效电阻 Ω/km	单位重量 kg/km
TJ-70 1500	70	19 * 2.14	10.6	0.28	618
TJ-95 1200	95	19 * 2.49	12.4	0.20	837
TJ-120 1000	120	19 * 2.80	14.0	0.158	1 058
TJ-150 800	150	19 * 3.15	15.8	0.123	1 338

钢承力索用的是镀锌钢绞线。

另外，还有其他形式的合金承力索，如铜合金承力索、铝包钢承力索等。上海地铁地面段承力索采用的是 150 mm^2 铜承力索。

2. 接触线

接触线与电动车组直接接触，担负着导流的作用。它向沿线行驶的电动车组输送电能，在运行中直接受电动车组受电弓的高速摩擦，要承受结构所需的张力。因此，要求接触线具有良好的导电性能、耐磨性能、抗腐蚀性能及足够的机械强度。根据上述要求，铜接触线应为最佳选择。但考虑到经济等其他原因，接触线还有钢铝接触线、铝合金接触线等其他类型。例如，采用钢铝接触线，以铝作为导电部分，工作面为钢，也可达到耐磨和强度的要求。

接触线的形状制成两侧带沟状，上半部可用线夹夹紧而将接触线悬吊起来，下半部与受电弓的滑板接触称为工作面。

铜接触线一般是由硬拉电解铜制成，具有导电性能好，强度和硬度较高，耐腐蚀，施工和维修方便等优点，铜接触线的截面示意图如图 4-10 所示。

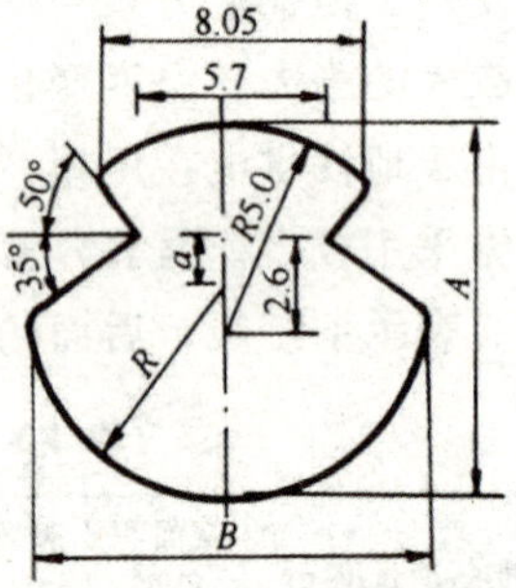

接触线截面的选择应满足供电计算所确定的需要通过的电流值，即通过此电流时导线发热温度不超过其允许值。如上海地铁接触线采用的是铜银合金 120 mm^2 接触线。

图 4-10　铜接触线的截面示意图

3. 其他导线

馈电线（包括辅助馈线）、并联线和接地线等是不与受电弓接触的，故在形状上无特殊要求，一般采用电力线路中所用的导线形式。常见的主要有铜线、铝线。在地铁中，由于导电性能的要求，一般采用铜导线。

三、接触悬挂的下锚方式

接触悬挂的下锚方式分为硬锚和张力补偿两种。

硬锚方式，是将承力索或接触网两端通过绝缘子串死固定在锚柱上。张力补偿，是在下锚处，通过加设张力自动调整装置进行下锚。下锚方式和线索紧固方式的不同，可以将接触网分为不同的类型。对于链形接触悬挂有以下几种形式：

1. 未补偿链形接触悬挂（不补偿链形接触悬挂）

这种悬挂把所有的线索两端均作成死固定（即硬锚），如图 4-11 所示。

硬锚时，锚段内各跨距的承力索和接触线的张力和弛度随温度的变化而发生较大的变化，因而接触悬挂的性能较差，一般只在对接触线弹性要求较低时使用。

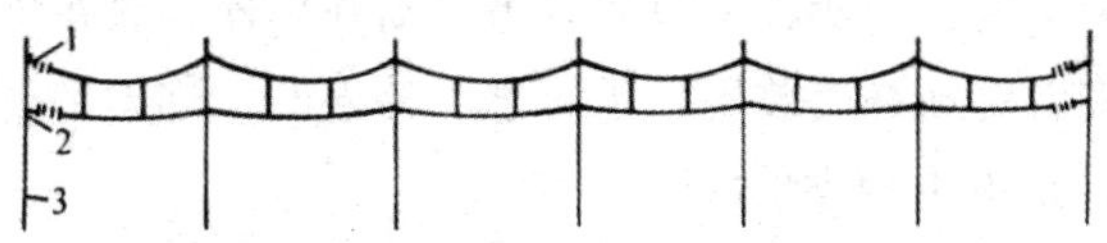

图 4-11　未补偿链形接触悬挂

1——承力索下锚终端绝缘子；2——接触线下锚终端绝缘子；3——锚柱。

硬锚又称为固定终端，图 4-12 所示为安装在地铁隧道顶部的一种固定终端结构图。

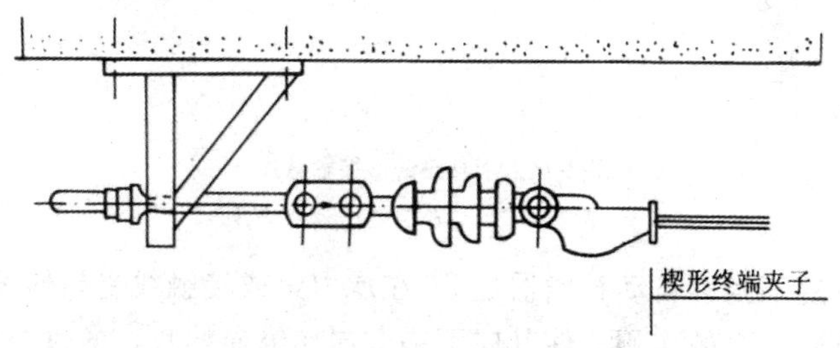

图 4-12　隧道内固定终端结构图

2. 具有季节调整的链形接触悬挂

为了减小线索张力和弛度的变化范围，可在接触线的下锚处，安装一个松紧调整螺丝，以便进行张力调整，如图 4-13 所示。通常在春季和秋季各调整一次，春季将接触线拉紧，使其张力在夏季时不要过小，秋季将接触线放松，使其张力在冬季低温条件下，不致超过最大许可值。采用这种措施后，使张力的变化限制在一定的范围内，弛度也相对减小，因而改善了运行情况。

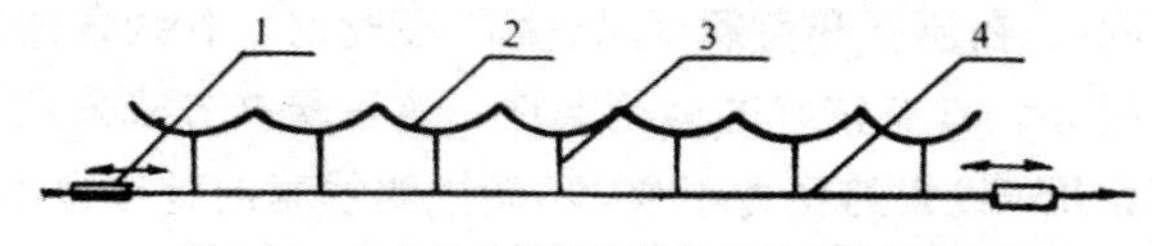

图 4-13　具有季节调整螺丝的单链形接触悬挂

1——调整螺丝；2——承力索；3——吊弦；4——接触线。

3. 半补偿链形接触悬挂

为了减少承力索和接触线的弛度受气温变化的影响，根据张力和弛度的关系，在锚柱上设置张力自动补偿器。只在接触线下锚端加设张力自动补偿装置，承力索不补偿的，称为半补偿链形接触悬挂，如图 4-14 所示。

张力自动补偿器通常由坠砣、补偿滑轮和补偿绳组成。坠砣可采用混凝土制成；滑轮有动滑轮和定滑轮，也有采用齿轮结构的；补偿绳为一端固定在锚柱上，而另一端通过补偿滑轮系于坠砣上的钢绞线。

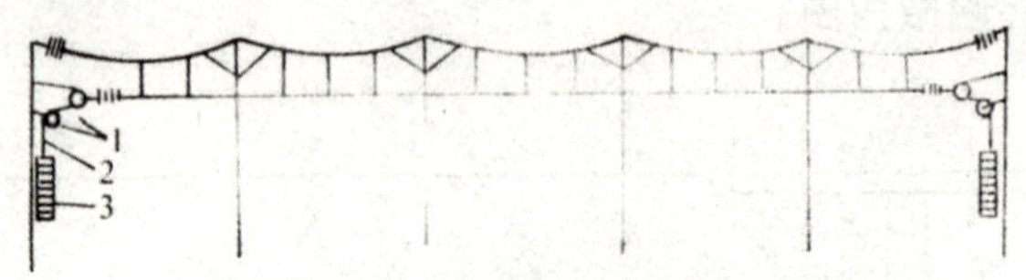

图 4-14　半补偿链形接触悬挂

1——滑轮；2——补偿绳；3——坠砣。

设置了张力自动补偿器之后，在承力索或接触线受热伸长时，由于坠砣重力的作用，使其向下锚方向作纵向伸长，通过补偿滑轮使坠砣下降；在承力索和接触线受冷收缩时，补偿绳便把坠砣提起。因为坠砣重量是固定的，因此可以使承力索和接触线在气温变化时保持张力不变。因为这种装置可以自动调整和保持接触线在受气温变化时本来要发生变化的张力，使其得到正的或负的补偿而维持不变，所以称为张力自动补偿器或张力补偿装置，简称补偿器。

4. 全补偿链形接触悬挂

这种悬挂的全部线索在下锚端均安装张力自动调整装置，如图 4-15 所示。在温度和负载（风、冰）变化时，各线索的张力保持不变。因而，具有较好的运行条件，这种悬挂方式采用较多。

必须指出，线索的张力不变，不能说明线索的弛度也不变。因为补偿器维持线索的张力不变，在温度变化时，线索的弛度得到了良好的补偿；但当负载变化时，弛度将发生相应变化。在露天强冰地区，弛度往往会达到不允许的程度。为了消除这个缺点，采用限制承力索补偿器动作范围的限制器。当冰负载过大时，承力索弛度加大，补偿器上升，在达到某个数值时，补偿器不工作。这时承力索处于硬锚状态，不致使接触线弛度过大。

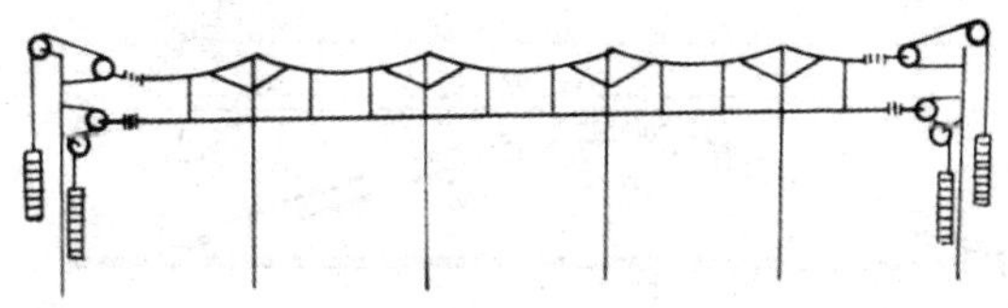

图 4-15　全补偿链形悬挂

四、支持与固定装置

如前所述，支持装置与固定装置是用来支持悬挂，并将悬挂的负载传递给支柱。支持与固定装置根据接触网的具体环境和要求而有所不同。

露天区间所用的支持装置的型式包括腕臂、拉杆、定位装置和绝缘子等组成的腕臂结构。在隧道内，由于空间受限，支持与固定装置进行了简化，这种简化在保证绝缘的前提下有效地节约了装置所占的空间。隧道内的支持与固定装置的简化形式有多种，常用的有“人”字形、“T”字形以及在地铁中称之为弹性支架的支持与固定装置等。在多股道时，支持与固定装置广泛采用软横跨和硬横跨（硬横梁）结构。

（一）隧道内的支持与固定装置

隧道内的支持与固定装置主要是考虑到隧道内的断面尺寸限制。为了减小隧道的净空，在隧道内采用一些特殊的支持与固定装置。图 4-16 和图 4-17 所示分别为两种常用的隧道内结构——“人”字形结构和“T”字形结构。

目前，在上海地铁的隧道内采用了一种性能优越的支持与固定装置，称为弹性支架。弹性支架的结构如图 4-18 所示。弹性支架由底板、钻孔螺栓、距离座（垫座）、橡皮扭转部件、树脂填充绝缘子、支架臂、转体夹钳、端帽等组成。底板固定在隧道顶部，橡皮扭转部件悬挂有水平枢轴的支架臂。支架臂端有接触线夹子

（转体夹钳）用来夹紧接触线。

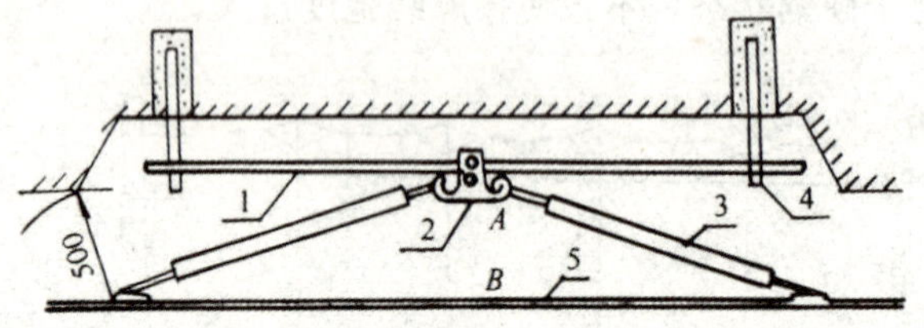

图 4-16　隧道内“人”字形结构支持装置

1——加长滑动管；2——滑动环；3——环氧树脂绝缘子；

4——人字形悬挂埋入杆；5——接触线。

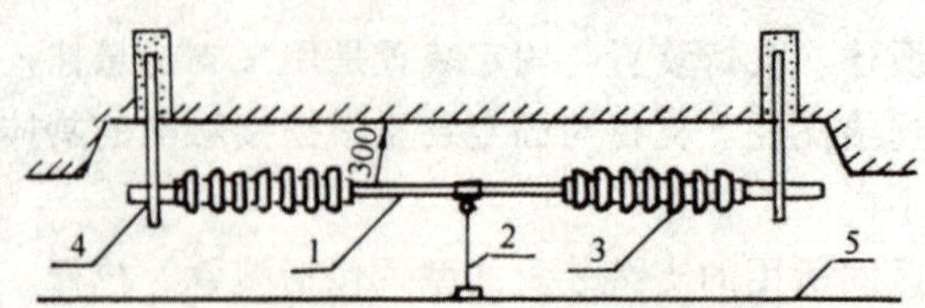

图 4-17　隧道内“T”字形结构支持装置

1——滑动管；2——吊弦；3——棒式绝缘子；

4——简单悬挂埋入杆；5——接触线。

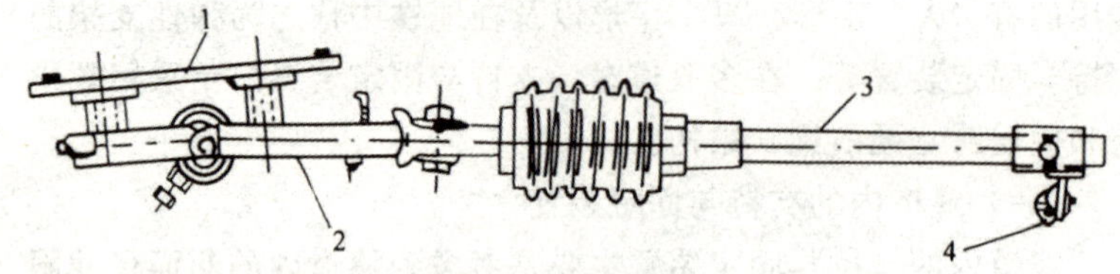

图 4-18　弹性支架结构图

1——底板；2——橡皮扭转部件；3——支架臂；4——转体夹钳。

这种结构的接触线可以作垂直和水平双向运动。垂直向上的范围被带电的接触线对地的最小净空所限，垂直向下的范围被接触线最低的高度所限制。当受电弓从下面通过时可在此范围内运动，橡皮扭转部件使支架臂回转到其正确的位置。接触线的水平方向的移动由张力装置调整。

弹性支架结构具有高度的柔韧性，其柔韧性是由支架臂枢轴和橡皮扭转部件来完成的。弹性支架的柔韧性使它和其他支架相比，具有更好的弹性性能。经验表明，弹性支架可以减少接触线的磨耗，增加接触线的寿命。

当有两根接触线平行架设时，采用双根接触线弹性支架，这种支架的结构与单根接触线的普通弹性支架相同，第二个部件安装在相同的底板上，为了保证受电弓良好的取流，两根接触线要精确地调整到相同的水平高度。

（二）腕臂支持装置

在地面段及空间较大时，区间接触网的支持与固定装置通常采用腕臂结构。

腕臂支持装置如同一个伸出的手臂，将接触网悬挂到一根支柱上。腕臂装置有一个较为简单但方便实用的形式。每一根腕臂都是由伸梁（伸臂）和拉杆（或斜撑）组成，腕臂支持装置的具体结构有多种多样。按结构图分为带拉杆的水平腕臂、带斜撑的水平腕臂和带拉杆的斜腕臂（如图 4-19 所示）。按支柱上的固定方式分为固定腕臂、半固定（或半旋转）腕臂以及旋转腕臂；按腕臂的绝缘方式分为绝缘腕臂和非绝缘腕臂；按跨越的股道数分为单线路腕臂和多线路腕臂（分别如图 4-20（*A*）和（*B*）所示）；按腕臂的用途分为中间腕臂（在中间支柱上）和转换腕臂（在转换支柱上）。

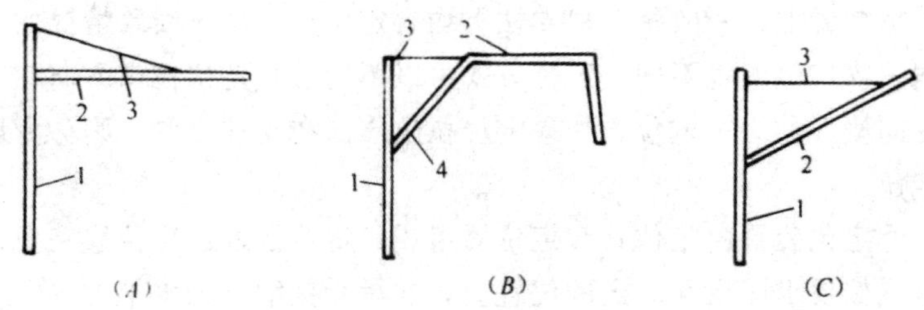

图 4-19 腕臂的结构类型

（*A*）单线路水平腕臂；（*B*）单线路反腕臂；（*C*）单线路斜腕臂。

1——支柱；2——腕臂；3——拉杆；4——斜撑。

带拉杆的单线路水平腕臂的优点是结构简单，与其他腕臂相比质量小，因此造价也低。另外它能为承力索和附加导线选择一个较好的位置。水平腕臂的缺点是，为了固定拉杆需要较高的支柱。如果采用斜撑来代替拉杆，则可弥补这个缺点。但在这种情况下，腕臂的质量要增加，因为受压的斜撑应有刚性的断面，同时悬挂附加导线也比较困难。

当受地形条件限制不可能每条线路单独设立支柱时，采用双线路腕臂。

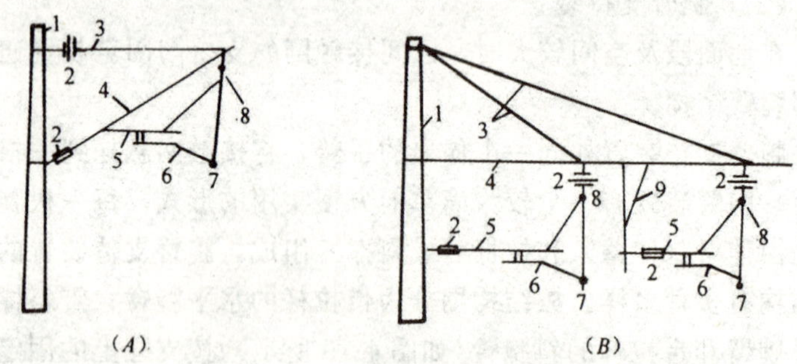

图 4-20　单线路腕臂和双线路腕臂

1——支柱；2——绝缘子；3——拉杆；4——腕臂；
5——主定位器；6——附定位器；7——接触导线；8——承力索。

（三）定位装置

对接触线的定位是通过定位装置来实现的。定位装置安装在支持装置上，一般每一根支柱上均有定位点。由于线路情况的不同，支柱位置也不同，定位方式可以不同。当定位拉出方向在支柱同侧，称为正定位。如果定位拉出方向在支柱反侧，则称为反定位。

定位装置由定位管和定位器组成。定位器通过定位线夹把接触线按要求固定在一定的位置上，并承受接触线的水平力（风力和曲线力）。定位器是通过定位管连接在绝缘腕臂上的。定位装置除定位器和定位管以外还需要一些辅助配件，如定位钩、定位环、定位环线夹等。

（四）软横跨和硬横跨

在多股道上，支持装置一般采用软横跨，也有个别地方采用硬横跨。在股道多的地方（3股以上），由于股道间距离小而不能立柱，不能采用单线路腕臂或双线路腕臂，或者虽能立柱，但支柱多，影响行车和作业人员瞭望信号，既浪费又不美观，因而，采用软横跨或硬横跨支持装置。

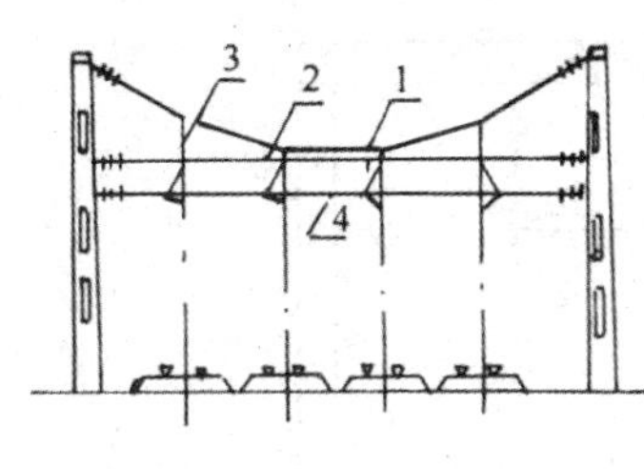

图 4-21　软横跨

1——横向承力索；2——上部定位绳；3——吊弦；4——下部定位绳。

软横跨由横跨多股股道的两个支柱、横向承力索、上部定位绳、下部定位绳组成。结构如图 4-21 所示。

上部定位绳的作用是固定股道上方承力索（纵向承力索），并将纵向承力索的水平负荷（如风力、曲线拉力等）传给支柱。下部定位绳的作用是固定定位器以便对接触线进行定位，并将接触线水平负荷传给支柱。

软横跨跨越的股道数量有一定限制，过多势必造成支柱很高及容量要求很大，并且会扩大事故范围。因此，在超过八股道的站场将软横跨设置成两跨式，如图 4-22 所示。

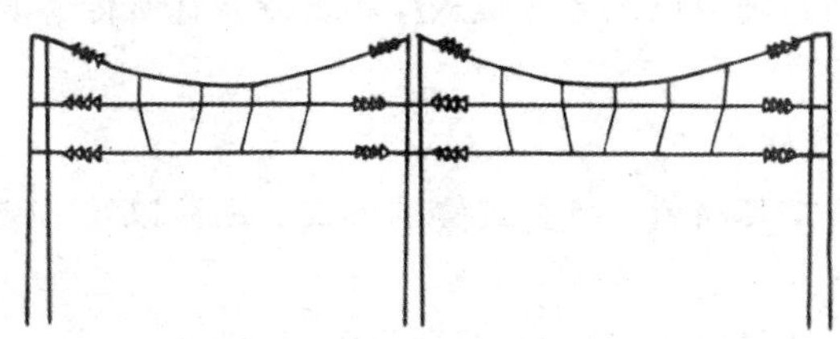
图 4-22　两跨式软横跨

硬横跨以金属桁架（钢梁）架设在线路两侧支柱顶上（钢柱或钢筋混凝土柱），其下用悬式绝缘子串以悬挂承力索，以下部定位绳来连接定位器。硬横跨结构如图 4-23 所示。

除悬挂承力索部分改为硬横梁之外，下部定位绳及定位与软横跨相同。硬横跨一般只适用于3～4股道的场合。因为其结构要求支柱高度较低，容量要求小，所以，支柱小、较经济。但如果跨的股道多时，硬横梁因本身负荷的增加而笨重，且增加投资和浪费黑色金属，便不适用。在股道不太多的情况下，对软横跨和硬横跨要进行技术经济比较。

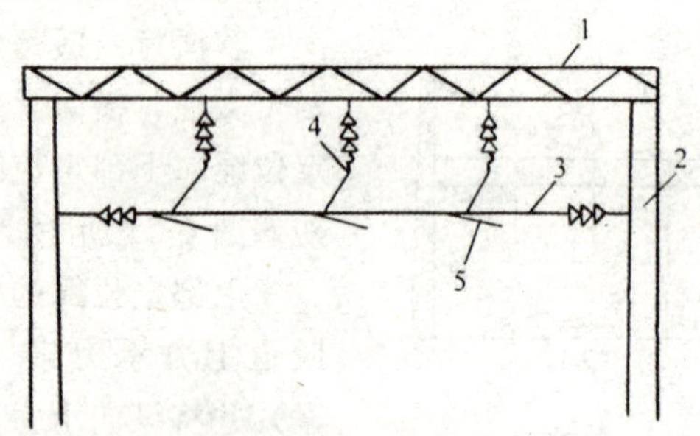

图4-23 硬横跨

1——硬横梁；2——支柱；3——下部定位绳；4——承力索；5——定位器。

硬横跨的悬挂部分距接地部分（硬横梁）比较近，不利于在接触悬挂上进行带电作业，一般较少采用。但在某些特殊地段，如采用腕臂支柱或软横跨都不方便时，可以考虑采用硬横跨。

五、支柱和基础

支柱和基础用以承受接触悬挂和支持装置所传递的负荷（包括自身重量）。

（一）支柱

支柱可按其材料、支持装置的形式、用途以及负载条件进行分类。

按支柱的材质有钢柱和钢筋混凝土柱两种。

按支柱的作用分，在区间有中间支柱、锚柱、转换支柱及中心支柱几种；在站场、车辆段等处有软横跨柱、硬横跨柱和定位柱等。

根据支柱上的支持装置不同，支柱可以分为腕臂支柱、软横跨支柱、硬横跨支柱和定位支柱。

另外，支柱还可以分为不带拉线支柱（自承载支柱）和带拉线支柱。如果支柱地面上下两部分是一个整体的话，被称为整体式（不能拆卸的）支柱；如果这两部分在生产和安装过程中都是分别进行的，就被称为分离式（可拆卸的）支柱。

钢柱具有质量轻、强度高、抗碰撞、运输方便等优点。钢筋混凝土支柱由于造价低，节省钢材（约可节省 70%）、维修简易和便于安装等，因而日益得到广泛应用。

目前采用的钢筋混凝土支柱中，以方型支柱为主，个别线路上采用了圆形支柱。区间接触网一般采用钢筋混凝土支柱，在特殊需要的地方采用钢柱。软横跨、地铁车库线等处一般采用钢柱。

根据支柱用途不同，其要求的支柱容量和允许受力方向也不同。目前在接触网设计施工中采用的钢柱和预应力钢筋混凝土柱均有多种形式和规格。图 4-24 给出了两种支柱的示意图。

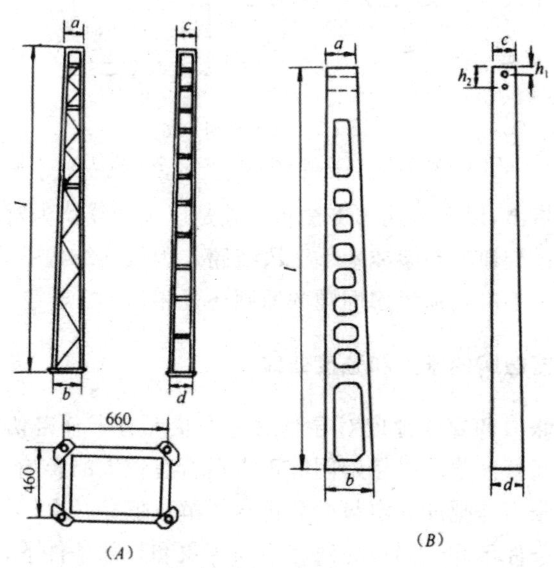

图 4-24　支柱结构示意图

（二）基础

基础承受支柱所传递的力矩并传给土体，是起支持作用的。一般所谈的基础主要是指金属支柱的基础，至于钢筋混凝土支柱是它的地下部分代替了基础的作用。

接触网支柱的基础是直接埋置于土体中的。接触网悬挂及支柱的重力都是经过基础传递到土体中，因此，除了保证基础本身有足够的强度外，还应保证基础有足够的承载力和稳定性。

配合不同的支柱类型及土壤性质，有不同的基础类型以适应不同悬挂的受力要求。常用的基础按外形分可以有多种类型，图4-25 所示分别为工字形、锥形、单阶梯形和多阶梯形。

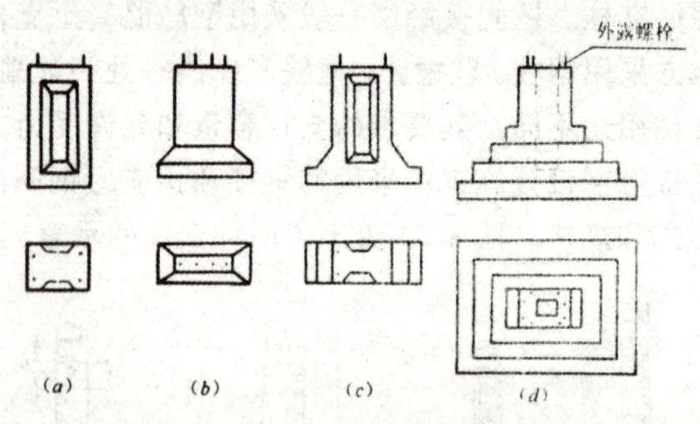

图 4-25　基础类型

(*a*) 工字形；(*b*) 锥形；(*c*) 单阶梯形；(*d*) 多阶梯（空心）形。

必须指出，以上所述的支柱和基础是以地面线路为对象的。对于城市轨道交通的高架或地下区段线路，因线路结构不同，其形式可以完全不同，但考虑问题的原则还是相似的。

六、接触网的张力和弛度曲线

导线张力和导线弛度对导线的工作状况有十分密切的关系，最大张力和最大弛度对接触网的正常运行有很大的影响，因此要对导线的张力与弛度有定量的分析与了解。但是，由于接触网所处的工作条件不同，同一导线在不同气象和外部条件下，张力和弛度也是不同的。所以，对于同一跨距内的导线要了解它在不同条件下的张力和弛度变化，这就是说，要保证导线正常的工作，必须考虑不同的气象和外部条件。气象和外部条件有稳定条件和瞬时条件，在稳定条件下，应保证正常安装和基本的张力与弛度要求。由于安装可能是在不同的气象条件下完成的，所以，要在不同的稳定温度条件下，得到张力和弛度的一组数值，以保证不同安装时刻的要求，这样所得到的一组数值用曲线或图表的形式给出，就是安装曲线和安装曲线表。

在进行接触网的安装和维护过程中，都要使用安装曲线对悬挂线索的张力与弛度等参数进行调整。

第三节　接触轨式接触网

接触轨是沿电牵引线路敷设的与走行轨道平行的附加轨，故又称第三轨。其功能与架空式接触网一样，通过它将电能输送给电动车组。不同点在于，接触轨是敷设在铁路旁的具有高导电率的特殊软钢制成的钢轨。电动车组伸出的受流器与之接触而取得电能。

接触轨式接触网用电电压一般在 600～825 V，提高电压可相应减少电能损耗，继而减少变电所数量，降低电力设备费用。但对于地下铁道，主要采用设于轨道一侧的接触轨的方法，比较经济，因为，第三轨受电，不需要像架空线那样增大隧道尺寸。

接触轨可以有三种布置方式，即上磨式、下磨式和侧面接触式，分别如图 4-26 中 *A*、*B* 和 *C* 所示。

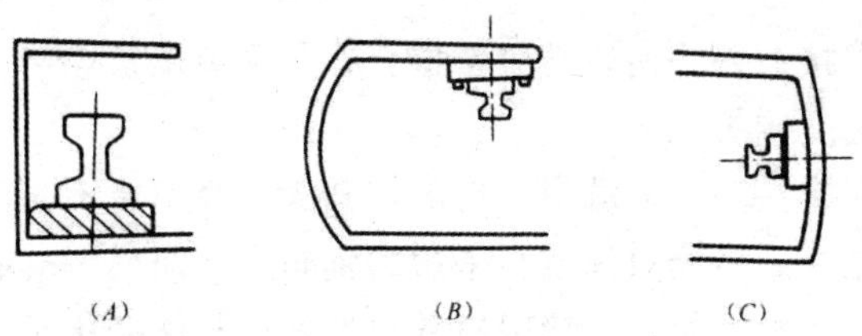

图 4-26　接触轨的布置形式示意图

（1）上磨式

接触轨装在专用绝缘子上，底朝下。取流时，接触靴自上压向接触轨。

上磨式的接触力不由受流器（集电靴）的重量和磨耗情况决定，而只受弹簧支座特性的控制，受流平稳，并能减少在间隙和道岔等处的电流冲击。

上磨式接触轨固定方便，但不易加防护罩。

(2) 下磨式

下磨式的接触轨底朝上，紧固在绝缘子上，并且由固定在枕木上的弓形肩架予以支持，如图 4-27 所示。下磨式的优点是可以加防护罩，对工作人员较为安全。这种方式安装结构较为复杂，费用较高，在经常冰冻和下雪而造成集电困难的地区使用较为普遍。

(3) 侧面接触式

侧面接触式在工作上与上磨式相似。

接触轨为高导电率钢制成的特殊断面的钢轨。

接触轨通过的地方要设置工作人员使用的人行道，在其余地点，必须考虑设置保护木板或其他合适材料的保护板，以防不注意触电。

在所有车站，接触轨总是设在远离站台轨道的一边，以减少乘客可能摔落在轨道上触电。在线路露天地段，要沿线用木板保护起来，以减少散落物引起电路短路。

在结构上，由于考虑到接触轨的热胀冷缩和电气上的分段，各轨节的连接有三种形式：正常接头、温度接头和绝缘接头。

(1) 正常接头

在正常接头处，两轨端紧密接合，并用鱼尾板连接。

(2) 温度接头

在温度接头处，轨端留一空隙，其大小视温差不同而定。轨头上的鱼尾板用螺栓只固定在一边的钢轨上，而另一端的钢轨自由地放在鱼尾板中间，当接触轨随温度发生长度变化时，它可以在鱼尾板内自由移动。为了保证电气方面的良好接触，在温度接头处用软裸铜线做的连接器加以连接。

温度接头在地下铁道的接触轨中，每隔 100 m 设一个。

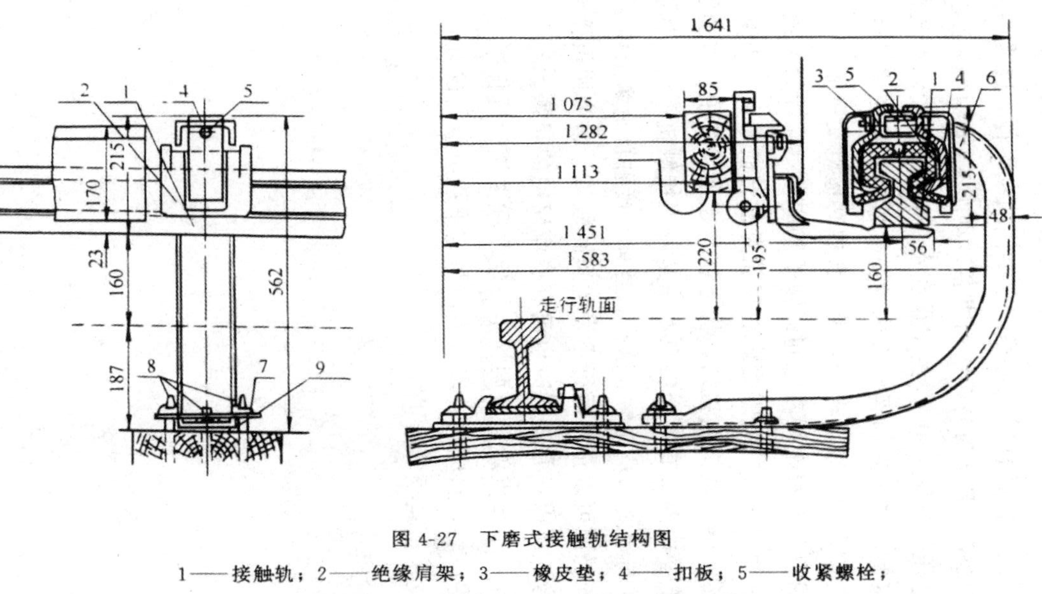

图 4-27　下磨式接触轨结构图

1——接触轨；2——绝缘肩架；3——橡皮垫；4——扣板；5——收紧螺栓；

6——肩架；7——垫片；8——螺钉；9——销枕片。

(3) 绝缘接头

在绝缘接头处，是用掬木鱼尾板紧扣轨端，而轨端的空隙留 50 mm。

除了以上接触轨形式之外，80 年代加拿大首先建成的空中列车(因其线路大部分为高架线而得名)，动车采用线性感应电动机，其供电电压为直流 600 V，经架设在走行轨一侧的上、下两根相互绝缘的接触轨供电，再经动车内的逆变器将直流变成可变频调压的交流电送到线性感应电动机上。常规感应电动机的转子此时变成固定铺设在两根走行轨之间的转子感应轨（实际为钢或铝板），而定子也为展开式的绕组固定在有轮对的转向架上。当电机通电后，因转子感应轨不能移动，代之就是定子（车子）移动了。

以上受电形式有两个特点，一是两根接触轨一正一负彼此之间，而且与地之间均绝缘，这样，当有一接触轨绝缘损坏接地时，供电系统仍旧可以正常运行不发生短路故障，因为两根接触轨都对地绝缘，所以正常运行时也没有迷流腐蚀的问题。

另外一个特点就是在两根走行轨之间要铺设线性感应电动机的转子感应轨，感应轨金属板表面与定子绕组板间仅有 mm 级的距离，技术上是很复杂的。

第五章 远动系统

第一节 概 述

一、远动系统的基本任务

随着电力系统及轨道交通电气化技术的日益广泛应用，对于电力系统及轨道交通电气化系统供电质量提出了越来越高的要求。电站、各种类型的变电所均向无人值班方向发展。由于电能对国民经济的影响随着现代化程度的提高更趋重要，因而为了统筹全局，提高供电质量，防范事故出现及发生事故后迅速进行应急处理，使其对国民经济带来的损失尽可能的少，以远动技术为基础的电力调度系统及变电所综合自动化系统得到了广泛的应用。

随着科技的发展，生产过程自动化程度日益提高。人们不断谋求对生产过程、特别是处于分散状态的生产过程进行集中监视、控制和统一管理。为了实现此目的，远动技术综合了自动控制理论、计算机技术和现代通信技术迅速发展起来，形成了一门独立的学科。

远动系统有各种种类和形式，它们均具有远距离的人（或机器）和机器交换信息的功能。

为了保证供电系统运行的可靠性和经济性，电力调度所必须及时掌握被控站、所的实际运行情况，如断路器状态、事故及故障信号以及电压、电流、功率等运行参数。同时，可对各站、所进行必要的遥控以完成实时控制的任务。

为了完成变电所与调度所之间远距离信息的实时自动传输，必须应用远动技术和采用远动装置。远动技术即是调度所与各被控端之间实现遥控、遥测、遥信和遥调技术的总和。

1. 遥控（YK）：遥控是从调度所发出命令以实现远方操作和切换。通常只有两种状态指令，如开关的“分”、“合”，电机的“启动”、“停止”，闸门的“开启”、“关闭”等指令。

2. 遥调（YT）：遥调是调度所直接对被控站某些设备的工作状态和参数的调整，如调节变电所的母线电压值。

3. 遥测（YC）：遥测是指将被控站的运行参数如功率、电压、电流、电度、温度等参数，传输给调度端。

4. 遥信（YX）：遥信是指将被控站设备的状态，如断路器的位置信号、报警信号等，传输给调度端。

远动的主要任务是集中监视和集中控制。正常情况下实现合理的运行管理，以提高经济效益。事故情况下，可及时了解事故性质和范围，加快事故处理，使事故损失尽可能减少。同时，可使变电所实现少人化和无人化，提高供电质量，改善运行人员劳动条件，提高劳动效率，减少运行费用，即安全、经济、高效生产的目的。

二、远动系统的基本结构

远动系统包括三个部分：命令的产生、传送与接收。

远动系统的发送端设备即命令的产生部份，接收端设备即命令的接收部份，而命令的传送部份则称为远动系统的信道。

由于距离较远，加上通道的存在，因此远动系统易受外来的干扰，为此要采取一系列的措施来保证系统的正常运行。图 5-1 为远动系统的原理框图。

调度端（发送端）为控制端，各变电站（所）称为接受端或被控端。

设在调度所的控制端要将遥控、遥调命令送到执行端去执行，此命令经编码成串行的数据。而在远动系统中传送的信号，在传输过程中会受到各种干扰，可能使信号发生差错，为提高传输的可靠性，对遥控、遥调的数字信号要进行抗干扰编码，以减少由于干扰而引起的差错。由于脉冲信号在传输中会引起很大的衰减或变形，因而需经调制器把数字信号变成正弦信号传输。接受端把正弦信号还原成数字信号，再由抗干扰译码器进行检错或纠错，如检查出信号由于干扰而发生错码则拒绝执行，正确时则按遥控、遥调命令分别执行。

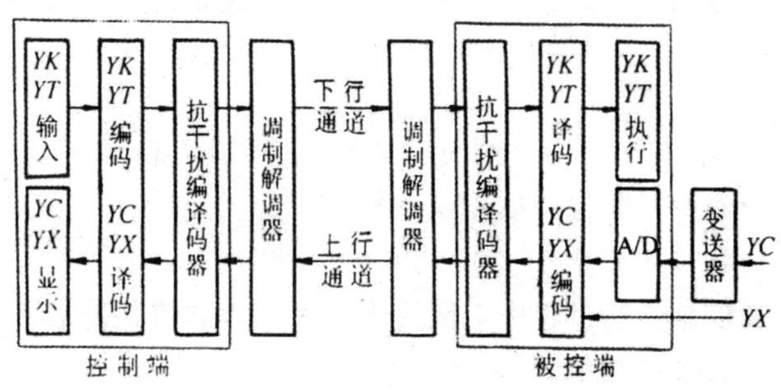

图 5-1 远动系统原理框图

对于遥测及遥信信号，其方向与遥控、遥调相反，但过程类似，调度端对接收到的遥测、遥信信号进行检错，对的则送至显示与记录，如有错则放弃不用。

远动技术的传送方式分为两大类，即循环方式（称 CDT 方式）和查询方式（称 Polling 方式）。

循环传送方式是以被控端的远动装置为主，周期性地采集数据，并且周期性地以循环方式向调度端发送数据，当有遥控或遥调命令时，则由控制端向被控端发送信息。

查询传送方式是以调度端为主，由调度端发出查询命令，被控端按发出来的命令工作，被查询站向调度端发出数据或状态信号，或接受调度端发来的命令进行遥控或遥调操作。

三、远动系统的性能指标

对任何远动系统，均以远动系统性能指标来衡量其优劣或作为设计、选型的要求，性能指标主要有以下几点：

1. 可靠性：是指设备在技术要求所规定的工作条件下，能够保证所规定的技术要求的能力。

远动系统往往要求无人监视，并且应用在供电系统等重要的生产部门，因此，对于远动装置有很高的可靠性要求。

可靠性分为装置本身的可靠性及信息传输的可靠性二个方面，单体设备的可靠性一般用平均故障间隔时间（MTBF），即两次偶然故障间隔时间来表示，系统可靠性通常用“可用率”来表示。

$$\text{系统可用率}=\frac{\text{运行时间}}{\text{运行时间}+\text{停用时间}}\times 100\% \qquad (5\text{-}1)$$

式中停用时间包括故障及维修时间。

MTBF 一般要求 10 000～30 000 h 以上。

远动信息传输过程中会因为干扰而出现差错，传输可靠性是用信息的差错率表示：

$$\text{差错率}=\frac{\text{信号出现差错的数量}}{\text{传输信息的总数量}}$$

通常要求在 10^{-8}以下。

2. 容量：通常把遥控、遥调、遥测、遥信等对象的数量，称为该远动装置的容量。如某一远动装置，具体配置如下：

DI（遥信）1 024 点；

AI（遥测）256 个量；

DO（遥控）512 点；

AO（遥调）128 个量。

3. 功能：除了四遥作用外，还有数据记录、信息转发、自动调节等功能。

4. 实时性：实时，即及时的意思，要求显示、记录、控制等功能均要在规定时间内完成，实时性常用“传输时延”来衡量，它是指从发送端事件发生到接收端正确地收到该事件信息这一段时间之间隔。例如：电力系统典型最大容许时延，在正常情况下遥测遥信为 2～10 s。在状态变化（如开关跳闸）时为 0.5～5 s。在传送遥控、遥调等命令时为 0.1～2 s。

5. 抗干扰能力：在有干扰的情况下，远动系统仍能保证技术指标的能力称为远动系统的抗干扰能力。

增加抗干扰能力的方法大致有两种，其一是在信道输入端适当变换信号形成，使其不易受干扰的影响，其二是在接收端变换环节的硬件结构上加以改善，使其具有消除干扰的滤波能力。

6. 精度：输入或输出量的精度亦是远动系统的重要指标。

一般模拟量输入精度为0.2%～0.5%，模拟量输出精度为0.5%，即可满足监测与控制要求。

此外对于重要的遥信信号，如断路器分闸，事故信号等还有事件分辨率（SOE）的要求，一般要求1～5 ms。

7. 安全性

（1）设备安全：一般要求硬件有冗余结构，且能自诊断，因此往往采用双机系统且互为热备用，要求主机的CPU负载率不大于60%。

对软件要求尽可能固化，且有自恢复功能。

（2）控制安全：对断路器、隔离开关、主变的调压等遥控操作，除了需输入操作员密码外，还需考虑各种闭锁条件。

（3）通讯安全

a）要求系统对通讯中的干扰有屏蔽功能，有相当的检错或纠错能力。

b）上位机与下位机通讯即使中断，下位机的自动控制功能依然可保持执行，从而使生产不致于中断。

8. 可维护性及可扩容性

（1）硬件模块化结构，便于检查与更换。

（2）软件也为模块化，且配备自诊断和故障检测程序。

（3）由于变电所存在增加输入、输出线路的可能性，因此要求远动系统具有可扩容性，即便于增加四遥容量。

（4）随着电力系统的发展，调度系统的完备，变电所与各级调度所均要进行通讯联系，因此必须具备相应的通讯接口。

（5）随着对变电站有综合自动化的要求，希望继电保护信息能进入远动系统，因此也需留有与继电保护管理机的通讯接口。

第二节　远动系统的功能

远动系统的功能可从以下两个方面进行说明。

一、数据采集及处理功能

（一）模拟量输入

模拟量是生产过程中连续变化的参量，如温度、压力、流量、电流、电压和功率等。为了实现计算机控制系统对生产过程的监控，要把这些模拟量经变送器转换成模拟电信号，再通过外围设备中的模拟量输入部件，逐个地把他们变为二进制电信号，然后送进控制机。

模拟量输入部件主要由采样切换器、数据放大器、模数转换器（A/D）和控制器等组成，其原理框图如图 5-2 所示。

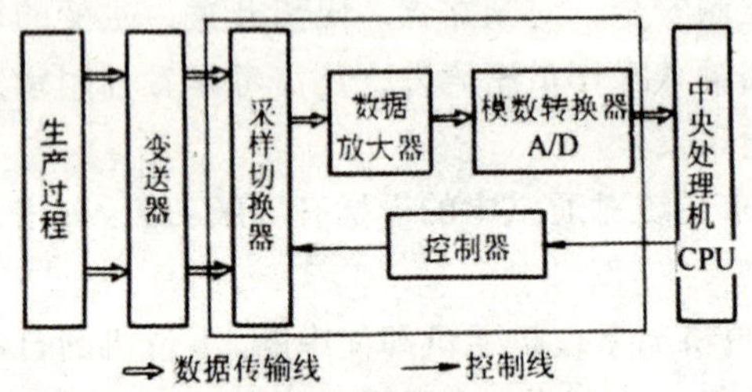

图 5-2　模拟量输入通道原理图

采样切换器的任务是轮流切换和引入由变送器送来的模拟电信号。模拟电信号一般为 0～5 V 或 4～20 mA 的直流信号，再送入模数转换器把它变成二进制电信号。控制器操纵采样切换器和模数转换器，使它们有节奏地正常工作。

1. 模数转换器（A/D）

模数转换器的类型有多种，最为常用的是逐级比较型，其作用是将随时间连续变化的量转换成计算机所能识别的二进制信号。

2. 采样切换器

控制机所要检测的生产过程的运行参数一般是很多的，如果每一路输入信号都设一套A/D转换器，那么设备非常庞大。因此，现在所使用的模拟输入通道，大都是几个到几十个输入模拟信号共用一套A/D转换器，而通过采样切换器使在一个时间间隔内，只有一路模拟信号被接入A/D转换电路去进行转换。

3. 数据放大器

数据采集中使用的放大器与一般测量系统中的放大器相似。它要求高增益、高稳定度、宽频带、低零漂和低噪声。一般将这种处理数据用的放大器称为数据放大器。模拟通道中的数据放大器的作用是起通道的各部分的隔离作用，获得阻抗匹配；在低电平通道中，需要它来提高信号电平以适应A/D的输入要求。

4. 数字滤波

有些生产过程中随机干扰的噪声频率是很低的，用阻容元件的滤波器即使时间常数为秒级也不能把它们全部消除。加大滤波时间常数将增加滞后时间，同时也增加滤波器的体积和重量。一种有效的方法是用程序来实现，以减少噪声在信号中的比重，用程序来减小干扰影响的方法称为数字滤波。

（二）开关量输入

开关量输入是过程输入的另一部分。所谓开关量，是指生产现场中那种只具有开或关两种状态的量，可以用“0”或“1”两种电平表示它们所处的状态。

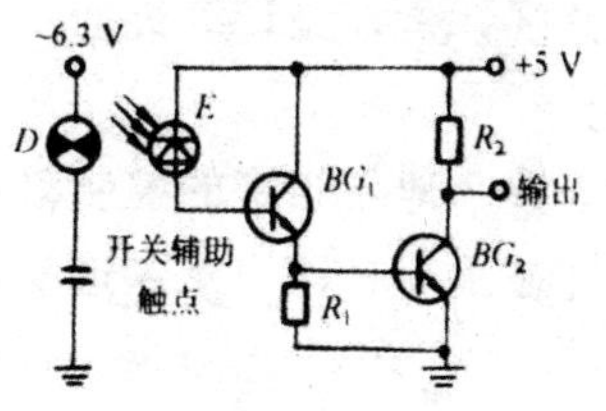

图 5-3　开关量信号转换示意图

开关信号的转换可以用图 5-3 所示的方法实现。图中触点（输入）是表示被检测的现场开关的辅助触点。当触点闭合时灯泡 D 点燃，光线照射光敏二极管 E，使其电阻减小，BG_1 导通。BG_1 作发射极输出，BG_2 基极为高电位。因而 BG_2 导通，其集电极输出低电平（0 V左右）。反之，当触点断开时，灯泡熄灭，光敏二极管相当于开路，BG_1 截止，故 BG_2 亦截止，输出高电平（5 V 左右）。因此，BG_2 的输出信号就代表了该开关的状态。

生产过程实现计算机监控，需要监视的开关量很多，可达数百点以上。为了避免混乱，每个点应有固定的编号（或称开关量输入地址）。由于一个开关量不是“1”就是“0”，所以如果计算机字长是 16 位，那么每个字就可以储存 16 个不同的开关量，称为一组。输入到主机的开关量是分组进行的，即每次输入的开关量数就等于计算机的字长。

（三）输入数据的前置处理

计算机要搜集的运行参数类别很多，如温度、压力、流量、水位、速度、加速度、二氧化碳浓度、电流、电压、功率、频率等。而每一种参数的测量范围又是很宽的，通常均使用各种变送器将这些参数转换成相应的电参数。即使如此，计算机也不可能对这些电参数进行预处理，一般需将其通过 A/D 转换器变换成数字量后送入计算机。

在以上数据采集与前置处理的基础上，计算机或计算机系统实现微机远动功能。

二、运行的安全监视功能

（一）运行参数的监视（巡回检测）

定期对生产过程的大量参数进行监视，是控制计算机的一个主要功能。

对数据采集系统得到的运行参数，逐个地与给定的控制限定值进行比较，发现参数越限立即报警并显示与打印记录，这就是运行参数监视的主要内容。

给定控制可以分为上限控制，下限控制，差值控制和变化率控制等。大多数的运行参数只要控制在上、下限内即可，但也有部分参数需差值控制，有些参数的给定控制限定值是不变的，有些参数的给定控制限定值是随着工况的变化应作相应的变化。

当出现异常工况时，应对异常情况有关的运行参数加速采样与比较，以便加强监视并及时掌握异常工况的发展情形，并在整个异常工况过程中将异常参数及其有关的其他参数以规定的周期不断地存入存储器中，以便事后输出，进行分析研究。这就是通常所说的事件追忆记录。

图 5-4 是运行参数监视的流程简图。程序定时启动，首先点燃程序灯（框 *1*），表示 *CPU* 正在执行该程序。然后依次将运行参数与其给定控制限定值进行比较（框 *2*）。如发现该运行参数越上限（框 *3*）或越下限（框 *4*），则应分别进行越上限处理（框 *6*）或越下限处理（框 *7*）。这种处理包括记录越限参数号，形成越限标志等。再进一步检查该运行参数上次是否越限（框 *8*），如果上次已经越限，则已做过越限处理，并已报警，所以本次不必再重复进行报警处理，以免扰乱运行人员的注意力。

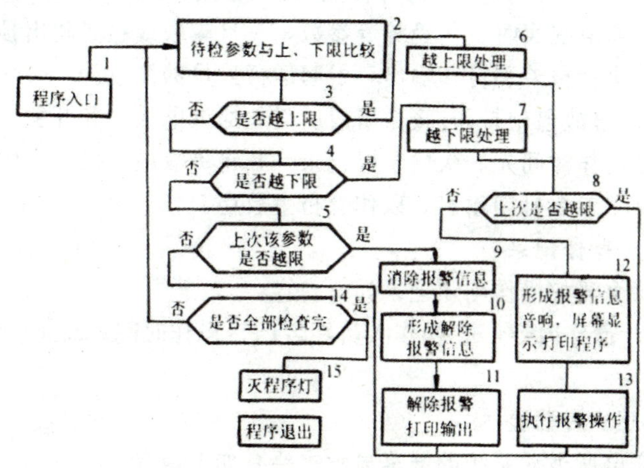

图 5-4　运行参数监视流程简图

如果该参数上次是正常的，而本次发现越限，则应作报警信息处理形成的处理。即调入报警子程序，调入显示画面程序，调入越限参数制表打印程序（框 *12*）。然后发出音响报警信号，在屏幕显示上显示出有关画面，和完成制表打印等报警操作（*13*）。

如果发现该运行参数上次越限而本次已恢复正常，则应告诉运行人员解除报警，并把解除报警的参数，解除报警的时间等内容记录下来。此时程序中有清除报警信息（框 9），接着形成解除报警的处理，即调入解除报警打印程序（框 10）由打印机输出（框 11）。

（二）运行参数的制表打印

对于运行参数和设备状态的记录，也是控制计算机必不可少的功能。它对变电所的运行分析和故障分析都起到很大的作用。这一部分功能的主要内容包括：

1. 定时制表：正常运行的参数可按需要以一定的格式和时间间隔在制表打印机上制成表格。通常每小时必须记录重要的一次及二次参数。对累计值及经济指标每一值一般为八小时制表一次。日累计值及经济指标的日平均值，每日制表一次。

2. 参数越限打印：部分需监视上下限值的运行参数，和运行过程中需监视实时变化趋势等参数，一旦越限或趋势超出预定范围时应进行报警和打印输出，引起运行人员的注意。

3. 事故追记打印：将由事故所引起的继电保护和开关动作情况，按动作时间先后次序予以记录。并将事故前一段规定的时间内的有关参数打印输出，以作分析事故用。

4. 操作记录

每个遥控操作均须记录如下内容：

a. 操作内容；*b*. 操作人员姓名；*c*. 操作时间；*d*. 操作是否成功。

（三）屏幕显示

变电所远动系统的屏幕显示主要有如下内容：

1. 主结线图

显示变电所主结线及相关的断路器、隔离开关及接地刀闸的状态，模拟量信息，并且要求在该图上可进行断路器、隔离开关及接地刀闸的操作。

2. 主变压器运行参数表

在该画面上不仅可显示主变线圈及油温度及调压档位，而且可进行调压操作。

3. 运行参数表

显示所有模拟量的实时数据。

4. 事故信息表及故障信息表

显示所有事故及故障信息及其发生的时间和回归正常的时间。

5. 越限信息表

显示各种越限信息，包括越限参数及其定值、发生时间或恢复正常值时间。

6. 操作记录表

记录操作人的姓名、操作内容、时间。一般情况以密码输入操作员的代号，而打印显示为操作人的姓名。

7. 实时曲线

以曲线形式记录某一时段的重要参数。如电压曲线，功率曲线等。

8. 日运行参数表

一般以小时为单位记录各模拟量，每天一组，定点打印。

9. 电度量表

此画面分两种：一种以小时为单位，一小时一张，另一种是以日为单位，一日一张，均可定时打印。

10. 定值参数表

显示主要参数的上、下限定值。有些参数只有上限，有些参数不止一个上、下限，还要求有上上限及下下限。定值经输入密码，可根据要求进行修改。

（四）报警功能

变电所的报警有如下几种：

1. 故障报警：显示报警内容，一般以黄色表示报警发生，同时启动故障报警音响。

2. 事故报警：显示报警内容，一般以红色表示报警发生，报警点闪烁（人为确认报警后才停止闪烁）。一般从原屏幕显示画面切换到主接线画面，以便运行人员一目了然事故点，同时启动事故音响。

3. 越限报警：当越限时，越限参数改变颜色（越上限为红色，越下限为黄色）。

4. 上述情况下，均启动语言报警，告知发生的事件。

5. 上述情况下，均启动打印报警，以备分析事件用。

（五）遥控功能

调度可对变电所进行下列遥控操作：

1. 断路器分、合闸。

2. 隔离开关分、合闸，接地刀闸操作等（需注意闭锁条件）。

3. 电压及无功调节需注意闭锁条件。其闭锁条件见本节二、之（六）自动功能。

上述操作均需输入正确密码。同时对整个操作过程进行记录。闭锁条件由软件设置。

（六）自动功能

自动功能是指远动系统执行端的计算机系统（下位机）不需调度端的命令而可自动执行的控制。对于变电站下位机的自动功能主要有以下3个：

1. 电压无功自动综合调节

根据调度端定值表中设置的电压和功率因数合格范围，下位机自动控制，改变主变分接头位置和切、投补偿电容器。

2. 10 kV 系统接地自动检测与选跳

下位机以10 kV零序电压越限（接地继电器动作）和线路的零序电流增长率（ΔI_0）越限为判据而选跳10 kV线路，进行自动选跳，也可以由值班人员根据显示的信息进行手动选跳。

3. 低频自动减载

下位机定时（如20 ms）测一次频率，当n次（可设定）所测频率的平均值低于所设的频率值，并延时若干秒仍低，则按设定的断路器号逐个跳闸，进行自动减载，并向主控端报警，同时做顺序记录（SOE），启动故障录波仪。

（七）通讯功能

远动系统不仅上、下位机间要进行通讯而且往往有下列通讯要求：

(1) 与地调及中调的通讯：将一些重要的状态信号及参数实时传送至地调与中调，并接受地调与中调的命令。

(2) 与继电保护管理机通讯：采集继电保护的信息，并在远动系统中予以显示，如保护定值、保护状态等。同时可经继电保护管理机改变保护定值及投、退某种保护。

第三节 远动系统的硬件结构

远动系统的硬件结构一般可分为三个大的部分，即主要用于值班人员进行监视与操作的上位监控管理计算机（或计算机系统）、主要用于与现场设备联系的下位机系统以及辅助的外用接口设备。

一、上位监控管理计算机（或计算机系统）

上位监控管理计算机或上位监控管理计算机系统简称上位机或上位机系统，是人与远动系统的连接界面，根据远动系统规模的大小，可以采用单台计算机，也可以采用多台计算机。当采用单台计算机时，所有的操作和监视功能都在此上位机上完成。当采用多台计算机组成上位机网时，可以将功能分散在各个计算机上，此时，主要用于运行人员监视和操作的计算机一般称为工作站，主要用于进行计算机资源管理和数据库管理的计算机称为服务器，主要用于与现场下位机系统联系的计算机称为前置机。用做上位机或上位机系统的计算机不是普通的家庭用 PC 机，而是专门用于工业控制的工业控制计算机（简称工控机）。这些工控机的主板、机箱和电源等都较一般的计算机有更高的要求。如果远动系统规模较大，在投资条件许可的情况下，还可以采用性能和指标更高的计算机，如服务器或小型机等。服务器虽然属于微型计算机的范畴，但它的配置更高，可靠性也更高。

在中型以上远动系统中，上位机系统由工作站、服务器和前置机组成，相互连接成网络。在特别重要的系统中，上位机系统不仅配置工作站、服务器和前置机，而且配有二套，组成双网络结构。两个网络互为热备用，以保证上位机系统的可靠性。

在小型远动系统中，也可以用586以上系列工控机作为上位管理机，其速度、容量可以满足远动的要求。

此外上位机系统还配置有声霸卡、音响等多媒体系统，以实现智能化语音报警等。

二、下位机系统

下位监控机主要实现与现场设备的连接，硬件结构可以采用多种形式，主要有RTU、PLC或PCC。RTU是远方终端单元的简称（Remote Terminal Unit），主要完成“四遥”功能。PLC是可编程序逻辑控制器的简称（Programmable Logic Controller），与RTU相比，具有较强的逻辑编程功能，且由于PLC编程简便、抗干扰能力强，故目前已较多选用。在PLC的基础上，随着计算机技术的不断发展，编程功能更强的PCC已推向市场，将逐步进入远动系统。

下位机采用模块式结构为好，便于扩展与维修，在大型远动系统中，下位机可由多台PLC、PCC或RTU联网构成，每台PLC、PCC或RTU完成特定范围的功能，这有利于编程、调试与控制，当然相应的成本也将会上升。

现场模拟信号一般经变送器联到下位机系统中，但也可用智能仪表交流采样，经通讯与下位机系统相连接。

三、外用接口设备

外用接口设备是远动系统的辅助设备，主要是将现场的信号进行变换后，送至计算机系统。常用的外用接口设备主要有：

1. 变送器：包括电量变送器（电流、电压、有功、无功、频率、功率因数等变送器）及非电量变送器（温度、压力、液位、流量、转速、位移等变送器）。

变送器是一种将输入的被测量变换成直流电量输出的设备。这种直流电量的输出值一般均做成通用的，如 0～5 V，4～20 mA，以便与远动、巡回检测及电子计算机等设备配套使用。变送器输出端一般可直接通过电缆与表计相连接，以实现就地测量。当变送器与远动装置和电子计算机（或控制机）配套使用时，尚需经过模/数(A/D)转换器将变送器的输出模拟信号转换成数字量，以便于接收。当需要进行模拟显示时，还需要把数字量转换成模拟量，就是通常所说的数/模（D/A）转换。有时为将遥测量的绝对值显示出来，还需进行标度变换。

变送器另一功能是抗干扰和电隔离，防止干扰 A/D 转换器。

2. A/D 及 D/A 转换装置

因为遥测变送器送来的是 0～5 V 的直流电压，或 4～20 mA 直流电流信号，这是个模拟量，一般的遥测是采用数字式显示，并向信道发送电码，也就是数字式的遥测。因此在发送端（执行端）需要将模拟量转换为数字量，这就是所谓模/数（A/D）转换。在接收端（调度端）除了将收到的遥测数码用数字显示器显示外，有时尚需将某个遥测量送入记录仪表，记录仪表需要 0～10 mA 的模拟量输入，因此在接收端还需要将数字量转换为模拟量（0～10 mA），这就是所谓数/模（D/A）转换。

第四节 远动系统的软件

一、系统软件

远动系统的应用软件一般基于系统软件的平台上，与之相关的系统软件包括 DOS、Windows、Windows NT 等，有些应用软件的平台为 UNIX。UNIX 主要应用在多任务系统中。

中文平台可以采用 Windows 或 Windows NT 的中文版，或用中文之星及其他中文软件。

系统软件主要由下列部分组成：

1. 实时多任务执行系统

这是实时系统软件的一个主要模块，其职能是初始化各队列、各进程控制块和各种状态及参数，调度和控制各进程的运转。

2. 实时中断处理软件

包括时钟中断、时间片中断、串行接口中断、并行接口中断和键盘中断。

远动系统实时时钟对于分析故障、事故，实时记录均是必需的，它可通过内部时钟产生。但对于远动系统上、下位机需统一时钟才能便于分析与处理。因此各相关CPU均需对时，可统一与调度所对时，也可通过GPS进行卫星标准时间对时。

二、应用软件

远动系统的应用软件可采用不同的方式编制，汇编语言在远动系统中已不常用，一般用高级语言进行编制。

由于远动系统要求功能强，许多功能靠软件来实现。某个人从头开始单独编写应用软件，则周期长，可靠性低，不易检查，显然不太现实，因此往往采用在前人编写的软件基础上进行不断完善的方法来提高应用软件的质量。

应用软件主要由下列部分组成：

1. 数据采集软件：包括DI、AI和PI量（开关量输入、模拟量输入与脉冲量输入）的采集。

2. 数据预处理软件：对采集来的数据进行数字滤波、限值比较、标度变换等处理。

3. 人机联系软件

操作人员在键盘上键入不同的命令，人机联系软件则执行与命令对应的处理程序。

4. 数据库管理软件：一个远动系统的优越性主要表现在数据处理能力上。因此，数据库管理软件往往作为独立系统软件加以研究和应用。其主要目标有两个：其一是访问的快速性，其二是数据库的灵活性。

5. 实时监控软件：对断路器、主变档位、电容器等进行控制，监控软件要考虑密码输入操作闭锁等功能。

三、通讯软件

远动系统的通讯软件是应用软件的重要组成部分，由于有其特殊性，故专辟一节进行叙述。

（一）发送程序

发码必须按照远动信息传输通讯规约来依次串行发送，即按照规定好的帧信息格式，字信息格式来发码。帧信息格式由同步码字及若干个信息字构成。每个信息字的格式由地址码标志位、数据位及循环码、检错码组成。

发码区中各数据的排列有各种各样的方法，总的原则是便于发送时形成预定的信息格式。

（二）同步检出

同步检出的任务是要在发送过来的信息序列中快速而正确的检出帧同步字。帧同步字表示一帧的起点。接受到同步字后才能确认信息字的开始。

（三）接收程序

接收的主要任务是正确的接收并划分各种信息，经检验确认可靠的信息再进行各种处理，如：遥测量去显示，遥信量去指示，遥控量去执行，同时予以记录等。

（四）远动通讯规约

前面所述发码必须按通讯规约来发送。所谓通讯规约规定了发送和接收码的具体格式。不同的远动系统，不同的远动硬件装置，有其不同的通讯规约。从国内到国外形形色色，五花八门，这里就不详细叙述了。

四、组态式软件在远动系统中的应用

由于硬件质量的提高，监控系统的硬件运行性能，如可靠性，实时性等方面都在迅速提高。在这种条件下，软件的支持显得越来越重要。软件开发对系统的影响也越来越大。

从软件角度讲，应用软件的开发一直具有一定的难度和相当的工作量。与硬件的实现相比，开发周期长，耗费人力多。软件的编制，从汇编语言逐步进到高级语言，涉及的知识面广，直至模块化设计思想的使用，虽然设计的手段和方法在不断地更新和提高，但总的说来，软件设计任务以面向过程的设计体系为主。这种设计体系不仅要求开发人员在电力监控知识的基础上，要具有一定专业水平的软件开发和调试能力，而且，软件的开发受人为因素的影响很大，系统稳定性、可靠性和灵活性等方面难以保证。对电力部门的软件开发人员来说，耗时耗力，且具有很多不便之处，系统的维护和修改都比较困难。目前，采用组态式软件是应用软件开发的一个新的发展趋势。组态式软件将事件的细节和过程处理包含在成熟的软件开发包中，可以直接调用，既保障了软件运行的可靠性和稳定性，又使电力监控系统的软件开发人员能够方便快捷地充分利用计算机及系统软件的功能，进行应用功能的开发。

组态式软件被称为90年代的过程控制软件，是计算机的厂商开发的一种内部结构优良，使用简捷，专门用于过程控制的高级应用软件。它具有良好人机智能界面，并把多种通用功能集成在软件包内部，供用户使用。它为用户提供更为便捷的开发环境和更高层次的系统功能。实现同样的功能，使用组态式软件比使用普通的开发软件节约相当的开发时间和调试时间，而得到的效果往往更令人满意。组态式软件的优良特性主要体现在以下几个方面：

1. 具有成熟的工作平台支持，其中以 Windows 或 Windows NT 系列平台的支持最为广泛；

2. 软件可靠性高，内部功能的实现，一般经过较严格的软件性能测试；

3. 软件开发在结构和实现手段上经过特别处理，实时性强；

4. 对用户的开放性好，便于现场工程技术人员的学习和掌握；

5. 界面功能强，能较好地满足用户的各种应用要求与各种数据库软件连接；

6. 功能组态方便，便于系统的修改和功能扩展等。

过程控制的组态式软件已广泛应用于控制对象明确的工厂、纺织、机械等行业。在组态式软件中，以美国几家著名的组态式软件的影响最大，它们在各种过程控制领域中，取得了优良的业绩，如Intouch、Lookout、Interlution等组态式软件等都属于这类软件。为它们提供的优良性能吸引，电力部门和供电部门也开始将其引入以电量的监视与控制为主的发电厂及变电所等实时监控系统。

组态式软件由于其结构和设计思想上的优良特性，在实际应用中显示了较多的优越性。其主要优点包括：

1. 丰富的窗口功能；
2. 详细的变量定义功能；
3. 生动的实时动画功能；
4. 自动生成的各类事件记录；
5. 灵活便捷的程序开发功能；
6. 动态的历史及实时曲线功能；
7. 网络数据交换功能；
8. 可与各种高级语言及各类数据库连接。

组态软件正越来越广泛地应用于变电站综合自动化及远动系统等电力系统的领域中。

第六章　牵引供电系统的设计与计算

一、牵引供电系统的电气参数

牵引供电系统的电气参数是轨道交通牵引供电系统设计的重要依据。它决定着牵引变电所之间的距离（布置）和容量，牵引接触网的导线截面积和供电质量（网压变化）及供电系统运行效率（功率损耗）等。这些供电装置的参数必须满足运输任务技术上的要求，经济上也应该尽可能合理。为了解决这些问题，对每个供电方案必须求出以下一些电气参数：

1. 馈电线及牵引变电所的平均电流、有效电流和最大电流；

2. 电动车辆或机车在供电区段内运行时的平均电压损失及最大电压损失；

3. 接触网中的平均功率损失等。

计算以上电气参数可以有各种不同方法。但首先要解决的是如何从列车运行状态转化成通过接触网向馈电线、牵引变电所取用电流的大小问题。这要用“列车牵引计算”的方法来解决。

二、列车牵引计算与运行曲线的概念

牵引供电系统负荷的大小取决于列车在线路上的运行状态，这里包括很多因素，如：运输任务（运量）的大小、线路的状态(线路经过断面、上坡、下坡、曲线等)、行车速度、所用电动车辆或机车车型和操作方法等等。

以上这些因素确定之后就可以决定每个行车时刻列车所取用的电流，这要经过列车“牵引计算”求得。所谓列车“牵引计算”是根据列车的运动方程式来求得以下列车运动过程中各参数的关系：

1. 列车运行速度（v）与列车走行距离的关系，即 $v=f(l)$；

2. 列车取用电流（i）与列车走行距离的关系，即 $i=f(l)$；

3. 列车走行时间（t）与列车走行距离的关系，即 $t=f(l)$；

4. 列车取用电流（i）与列车走行时间（t）的关系，即 $i=f(t)$。

以上所有参数关系（曲线）称为列车的“运行曲线”。它们是描绘列车在整个给定区间内运行时，所有速度、电流、时间和走行距离之间的关系，如：当列车走行到某地方（距离）时，需要多少时间，这时它取用多大电流，它的速度又是多少都可以确定。这样就不难理解列车运行图（列车时刻表）是怎样得来的，也很容易求出列车运行时的平均速度、平均电流等等。

下面以计算列车通过给定供电区段的能耗(用电量)A 为例说明之。

根据 $i=f(t)$ 曲线，可以将它的时间坐标划分为 n 个间隔，每个时刻都有对应的取流（i）数值，如图 6-1 所示，因此用电量 A 可按下式计算：

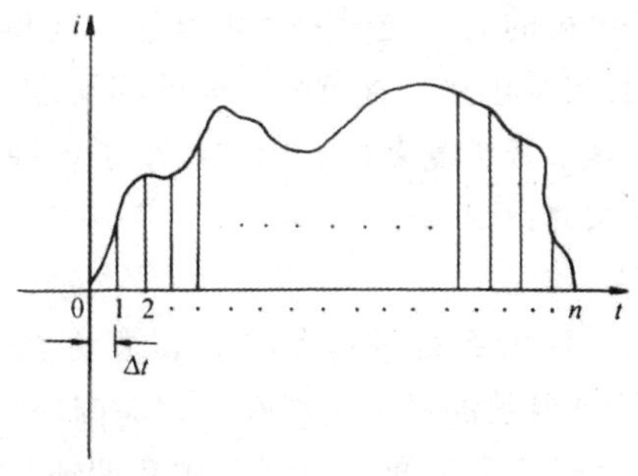

图 6-1　列车电流与走行时间关系曲线

$$A=\frac{n\Delta t}{60}U\ \frac{\sum_{k=0}^{n} i_k}{(n+1)} \quad (\mathrm{kW\cdot h})$$

其中　i_k——各时刻电流，从 0～n 共有（$n+1$）个时刻，所以 i_k

值也有（$n+1$）个；

$\frac{\sum_{k=0}^{n} i_k}{(n+1)}$——列车平均电流（A）；

U——接触网网压（kV）；

$U\frac{\sum_{k=0}^{n} i_k}{(n+1)}$——列车用电平均功率（kW）；

Δt——每个时间间隔长（min）；

$n\Delta t$——列车走过整个给定供电区段时间（min）。

列车用电量 A 是供电系统设计的基本数据之一，通过它还可以计算出"单位能耗 a"，即每吨公里或每车公里所耗能量，a 更具有指标意义。它的大小与线路状态、行车速度、操作方法等很多因素有关。用它可以估算新线设计的有关供电系统参数。其数值可用以上计算方法求出，也可由现有运行线路实测积累而来。

三、牵引供电系统参数计算方法

牵引供电系统的负荷（列车）较之一般电网固定负荷有很大的差异，除了各负荷的大小随时间变化以外，这些负荷的位置是变动的(在线路上往返移动)，各负荷之间的相互位置也是变动的，给电气参数的计算带来了复杂性。因此出现了各种计算方法，归纳之可以分为两大类：

1. 运行图法

为了求得牵引供电系统的电气参数，方法之一为"运行图法"，它是将要计算参数的供电区段在一定时间段里（如 2 h）的所有列车运行图（即各列车的 $t=f(l)$ 关系曲线）描绘在坐标图上，如图 6-2 所示。

图中表示：*ABC* 供电区段列车运行图，横坐标表示时间（t），纵坐标表示距离（l），三个停车站 A、B、C。牵引变电所设在 A 站，区段中共有四列列车运行（在 6：00～8：00 时间内），*1*、*3* 为下行列车，*2*、*4* 为上行列车。下行列车的用电电流情况（即 $i=$

$f(l)$曲线）绘在图的左侧，横坐标为电流值 i，纵坐标为走行距离 l。上行列车的用电电流曲线绘在图的右侧，坐标轴的表示方法同左侧。该区段属单线路，单边（只有一个牵引变电所）供电。

具体计算步骤如下：在运行图上取任意时刻，如 t_1—t_1 线，它与列车运行曲线 $t=f(l)$交点 a、b 表示此刻区段上有 1、2 两列车在运行，下行列车 1 此时取用的电流可从 a 点向左侧下行列车用电流曲线上查找得 i_1 值，同理上行列车 2 此时取用的电流可从 b 点向右侧查找找 i_2 值。这样就可以得到 t_1—t_1 时刻供电区段内运行着的列车数、它们各取用的电流值和列车所处在的位置，如图 (*b*) 所示，这样一张图被称为供电区段的“瞬时负荷”图。对该瞬时负荷图按电路计算的方法，可以计算出我们所感兴趣的电气参数该时刻的瞬时值，如馈电线电流、列车电压降、接触网损失等的瞬时值。

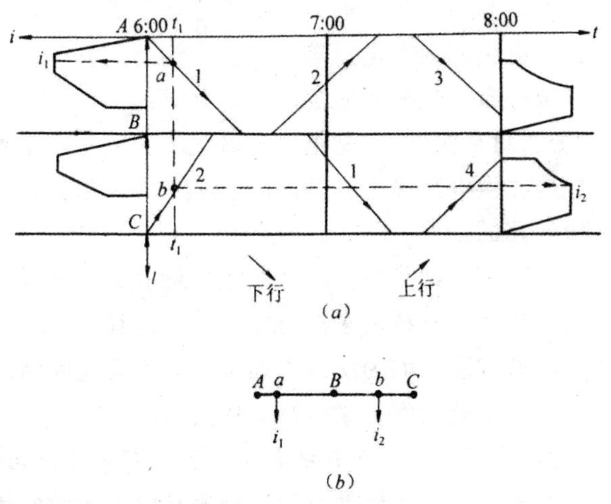

图 6-2　供电区段 *ABC* 列车运行图及列车用电流曲线

通常可以在计算时段内（如 2 h）的运行图取 n 个时刻（t_1、t_2…t_n），它们之间的间隔以 min 或 s 计算，这样就可以得到 n 张瞬时负荷图，进而可以得到 n 组我们所感兴趣的电气参数瞬时值。用相应的计算公式就可以计算出各电气参数的平均值、有效值等。

下面以计算单边供电区段馈电线平均电流值为例说明之。

馈电线的瞬时电流　$i_g=i_1+i_2+\cdots+i_n$

式中　i_1、$i_2\cdots i_n$——某瞬时馈电线供电的各列车瞬时电流值。

馈电线的平均电流

$$I_g=\frac{\sum_{j=1}^{n} i_{gj}}{n}$$

式中　i_{gj}——馈电线第 j 时刻的瞬时电流。

从以上可见，此计算方法相当麻烦且费时间，对运行图较稳定的轨道交通系统，即不受其他型式交通干扰的轨道交通系统较准确，但其计算工作量大，如以 10 s 钟取一个时间间隔，则 1h 有 6×60=360 张瞬时图。不过现在可以用计算机进行计算。

2．按运转量的计算方法

按运转量计算电气参数的方法是按运输任务（运行的列车对数，牵引计算得到的列车电流等）对实际运行的列车情况做某些列车运行（或分布）规律的假定后进行计算的。

“均匀分布负荷法”。它是把供电区段上实际有限个列车负荷看成均匀分摊在供电区段上，以每 km 线路的 A 值为计算负荷进行电气参数计算的。

“移动负荷法”。则是把供电区段上实际有的列车看成相互之间保持距离不变而平行移动来进行电气参数计算的。

这两种计算方法都因为所假定的负荷状态与实际情况相差甚远，计算结果误差较大而未被广泛采用。

“分析法”则考虑了列车在线路上运行的各种实际可能情况，以较严密的数学方法——概率论为基础进行电气参数的计算。

为了说明该方法的基本思路，下面仍从单边供电区段出发，举例说明馈电线平均电流 I_g 的计算方法。

$$I_g=(i_1+i_2+\cdots+i_n)_{平均值}$$

式中　i_1、$i_2\cdots i_n$——某时刻区段上各列车的瞬时电流；

$(i_1+i_2+\cdots+i_n)$——某时刻区段馈电线的瞬时电流；

$(i_1+i_2+\cdots+i_n)_{平均值}$——取所有时刻 $(i_1+i_2+\cdots+i_n)$ 的平均值，即为馈电线电流的平均值。

根据数学概率论的原理，当各列车取用电流为相互不相关时，即某列车取某一电流值时，它并不影响其他 $(n-1)$ 列列车各取什么样的电流，也就是各列车之间所取电流有其随机性，互不影响和约束，实际上也反映了列车所处位置的各种可能性，这是比较接近实际情况的。这样可得：

$$(i_1+i_2+\cdots+i_n)_{平均值}=(I_1+I_2+\cdots+I_n)$$

式中 I_1、$I_2 \cdots I_n$——各列车在整个走行时间内的平均电流。

如果运行着的列车是同类型状态的列车，则

$I_1=I_2=\cdots=I_n=I$ 同类型列车平均电流。

所以 $I_g=nI$

$$n=N\frac{t}{T}$$

其中 n——供电区段中的平均列车数；

N——要求在给定时间 (T) 内通过供电区段的列车数，它反映运输任务；

t——列车通过供电区段所需的走行时间。

以上平均列车数公式可以这样理解，如果在“T”时间内要完成通过供电区段 N 列列车的任务，而且假定任何时刻区段（线路）上只存在一列车，则完成以上任务需要 (Nt) 时间，而实际上是规定在“T”时间内要完成以上任务，所以如果 (Nt) 大于 T 时，则用一列车走过区段后再进入第二列车的方法是不能完成运输任务的，因此必须要同时多于一列车通过区段，$N\frac{t}{T}=n$ 就是要求同时通过（存在）区段的列车数，即平均列车数。

以上就是分析法的基本思路，用这种方法可以推算出一整套供电系统的电气参数计算公式。这里不多叙述。

应该说这种方法是比较接近实际情况的，故得到比较广泛的应用。

必须指出，由于计算机技术的迅速发展，近些年来牵引供电计算多陆续采用计算机模拟仿真的计算方法，可以大大提高工作效率和计算的准确度，这主要取决于被仿真对象在运行中所保持的工况稳定程度，或者说计算机仿真模型在多大程度上能模拟对象工况的随机性。但无论用什么方法计算，其基本原理都建筑在上述假定的基础上。

四、馈电线、接触网及牵引变电所的容量计算

1. 馈电线

根据供电系统电气参数计算所得到的馈电线有效电流值，按常规方法可以选取馈电线导线截面，一般为多股绞线。用馈电线"有效电流"，而不是"平均电流"是因为选取导线截面时，是按照其发热条件决定的。发热取决于载流导线中的能量损耗，它与导线所通过的电流的平方有关，而有效电流（均方根电流）正是反映这个参数，故应按有效电流选择。

2. 接触网

接触网（指软悬挂式的）常由多根导线并联组成，对于直流牵引电流，各导线之间的电流分配，可按各导线的不同单位长度电阻值计算。以下为各种材料的不同导线截面的接触导线允许电流值，可供参考：

	截面积 mm^2	允许电流 A
铜接触导线	100	600
铜接触导线	85	500
铜承力索（绞线）	120	700
铜承力索（绞线）	95	600
铝导线	185	600
铝导线	150	500

注：以上参数相应于铜的允许温升为100℃，铝的允许温升为80℃。

相应以上参数近似的铜电流密度为 6 A/mm^2，铝为 3.2 A/mm^2。

对于其他金属导线，如铜铝导线等可查阅有关产品资料。

下面以上海地铁一号线一期工程为例，列出所采用电动车辆

容量、列车编组、行车密度、牵引变电所间平均距离及接触网导线截面等内容。

电动车辆每辆装 4 台 150 kW 电动机；

近期列车编组为四动车二拖车（4M+2T）；

远期列车编组为六动车二拖车（6M+2T）；

近期每小时发车对数为 24 对；

远期每小时发车对数为 30 对；

牵引变电所平均距离为 2.63 km，约隔两个车站设一个。

接触网导线组成：

地面部分采用全补偿单链型接触悬挂（参考第三章）

——双接触导线 2×120 mm^2 铜银接触导线，一根铜承力索 240 mm^2，一根铜辅助导线 240 mm^2；

地下部分采用补偿简单接触悬挂

——双接触导线、弹性支座 2×120 mm^2 铜银接触导线，二根铜辅助导线 2×240mm^2，行车最高速度可达 80 km/h。

3. 牵引变电所的容量计算

根据供电计算得到的馈电线电流，可以直接计算相关牵引变电所的牵引用电容量。也可以从列车牵引计算所得到的列车走行单位能耗 a（kW・h/（t・km））来进行计算。通常在设计新线路时，单位能耗 a 的数值是由已有的线路运行经验测试积累得来的。对于轻轨线路，单位能耗 a 的数值一般在 0.07～0.12 kW・h/(t・km)之间。必须指出，从经验测试得来的 a 值，多数是在牵引变电所交流高压侧取得的，因此它应该包括列车的牵引用电、辅助设备用电、牵引网功率损失、整流机组能量损失在内。

有了单位能耗 a 值以后，可按下式计算牵引用电量 W：

$$W=a\times G\times L\times N\times M\times 2 \qquad (\text{kW}\cdot\text{h})$$

式中 a——牵引单位用电量 kW・h/（t・km）

G——每辆车质量（总重）t；

L——牵引变电所供电距离 km；

N——列车编组车辆数；

M——每小时开行列车对数，如开车间隔为 3 min，则 $M=20$。

注意，这里 W 为 1 h 的牵引用电量，故 W 的数值也就等于牵引变电所所需的用电容量（功率 kW 数）。

如单位能耗 a 改用 A（每辆车走行 1 km 的用电量 kW·h/(t·km)）计算，则上式成

$$W=A\times L\times N\times M\times 2 \quad (\text{kW}\cdot\text{h})$$

得到 W 以后，可以计算牵引变电所的直流用电量 W_d：

$$W_d=(W+W_{\text{辅}}+W_{\text{线}})/2 \quad (\text{kW}\cdot\text{h})$$

式中 $W_{\text{辅}}$——列车 1 h 内的辅助用电量，它包括控制电器、空压机、空调、电热器等辅助电器用电量。

$W_{\text{线}}$——线路损失，可按供电系统电气参数计算所得或下式估算

$$W_{\text{线}}=0.1(W+W_{\text{辅}})$$

一般牵引变电所的效率在 0.95 左右。

因整流装置关系，牵引变电所的交流容量 S_T 为

$$S_T=1.05W_d$$

最后选牵引变电所的变压器容量 S_H 应不小于所需交流容量 S_T，即：

$$S_H>S_T$$

通常供电区段为双边供电，当一个牵引变电所故障解列（停电）时，则应考虑其相邻的牵引变电所向区段作单边供电，其条件为超载 50%，持续 2 h，即

$1.5S_H>$单边供电所需容量

再校验最大负荷情况，即

$3.0S_H>$最大负荷所需容量，持续 1 min。

一般应在牵引变电所设置 2 台整流装置并联工作。

五、牵引供电系统的设计与技术经济问题

牵引供电系统设计主要要决定牵引变电所的布置和容量、接

触网的供电方式和导线截面积、电力网向牵引变电所的供电方案、继电保护措施、计算供电方案的技术经济指标，包括牵引变电所的用电量、利用率、接触网电压水平和牵引供电系统电能损耗等。

设计的原始资料应包括近远期运输任务、列车牵引计算结果（运行曲线等）、线路的纵断面和车站位置、电力系统资料、供电线路可能方案等。

在满足技术要求的前题下，可以有多个方案进行技术经济比较，对于牵引供电系统来说，主要是接触导线截面 q（对软悬挂方式）与牵引变电所间距离 l 的关系问题。

显然当接触网导线截面积 q 取大时，接触网的电压损失降低（在同样的输送功率下），牵引变电所间的距离 l 可以增大，这样牵引变电所数目减少，其投资可减少。但因 q 增大，接触网投资增大。究竟哪个方案优越，一般应全面比较不同方案的一次投资和年费用（包括年折旧费与运行费）。当投资大的方案能在小于补偿期（决定于国民经济政策）的时间内从由于年费用的降低而回收多投资的费用的话，则认为投资大的方案是经济可取的。反之则以投资少的方案为有利。当然如果某方案投资费高，其年费用也高，则该方案必不可取。

以上为牵引供电系统设计和技术经济比较的主要问题。

以下为城市轨道交通直流牵引变电所间的距离 l（一般情况），列出供参考。

对车站距离不大于 1 km，上、下行分路双边供电情况下：

网压 750 V 时，6 车编组　$l \leqslant 2$ km 牵引变电所间二个车站；

4 车编组　$l \leqslant 3$ km 牵引变电所间三个车站。

网压 1500 V 时，6 车编组　$l \leqslant 2.5$ km 为宜；

4 车编组　$l \leqslant 4.5$ km。

如行车密度小于 2 min，则 l 应更小。